NICHT VERPASSEN!

❷ Rehov Meir Dizengoff [D6]
Ob zum Bummeln, Shoppen, Spazieren oder Feiern, die lebendige Hauptgeschäftsstraße der Stadt ist rund um die Uhr einen Besuch wert (s. S. 17).

❻ Shuk HaKarmel [C8]
Der beliebteste Markt Tel Avivs bietet ein Sammelsurium orientalischer Spezialitäten und es ist eine Freude, dem hiesigen Treiben zuzusehen (s. S. 22).

❼ Tayelet und Tel Aviv Beaches [B6]
Nirgend sonst lässt sich so authentisch das Lebensgefühl der Stadt erleben wie entlang der Uferpromenade Tayelet und an den angrenzenden Stränden (s. S. 24).

⓫ Die Weiße Stadt [E9]
Tel Avivs architektonisches Kleinod umfasst etwa 4000 Gebäude im Bauhausstil, die über die gesamte Stadt verteilt sind (s. S. 29).

⓳ Tel Aviv Museum of Art [F5]
Das bedeutendste Kunstmuseum Israels beherbergt eine einmalige Sammlung an Werken von herausragenden Künstlern des 20. Jahrhunderts (s. S. 39).

㉔ Namal Tel Aviv [B2]]
Der ehemalige Hafen Tel Avivs ist nicht nur der perfekte Ort für Einkaufstouren und nächtliche Streifzüge, sondern auch für Spaziergänge, Kneipenbesuche oder einfach nur für ein Sonnenbad (s. S. 43).

㉗ ANU (Museum of the Jewish People) [S. 144]
Wo, wenn nicht im Diaspora-Museum, sollte man auf den Spuren des jüdischen Volkes wandeln? Riten und Traditionen, die Geschichte der Juden im Exil und ihrer Rückkehr nach Israel werden beleuchtet (s. S. 46).

㉚ Kikar Kedumim [A12]
In Jaffa ist noch ein wenig von der jahrtausendealten Stadtgeschichte zu spüren. Um den Kikar Kedumim gibt es viel Historisches, das die Besucher in eine längst vergessen geglaubte Zeit führt (s. S. 50).

Tel Aviv – wo Ausgelassenheit Pflicht ist

Wer das erste Mal nach Tel Aviv kommt, den mögen die Gegensätze der Metropole am Mittelmeer erstaunen. Da ist zunächst die langgezogene Strandpromenade (s. S. 24) mit ihrer exklusiven Hochhauskulisse, entlang derer sich Jogger, Badende, Familien, Senioren, Touristen und alle anderen tagtäglich ein Stelldichein geben. Nur wenige Meter in Richtung Stadtzentrum verlaufen recht unspektakuläre, teils geradezu heruntergekommene Straßenzüge bis ins quirlige Zentrum. Tel Aviv ist eben keine ausgesprochene Pralinenschachtel, sondern ein architektonisches Wirrwarr, ja ein geradezu chaotisches Biotop aus Neu und Alt, wobei sich „alt" – sieht man vom im Süden gelegenen Stadtviertel Jaffa (s. S. 48) ab – maximal auf die Bauhaus-Gebäude ❶ aus den 1930er-Jahren bezieht. Gentrifizierung findet hier praktisch dauernd statt und Gegenden, die gestern noch weitestgehend nichtssagend waren, präsentieren sich schon heute im hippen „Gewand".

Dass dabei kaum etwas von Dauer ist, ist klar – ebenso wie die Tatsache, dass die Stadt von Jahr zu Jahr teurer wird. Mieten von über 2500 € für eine Dreizimmerwohnung, gesalzene Preise beim Einkaufen oder für Bar-, Café-, Club-, Restaurant- und selbst Imbissbesuche machen den Alltag für Einheimische häufig kaum noch bestreitbar. Wer ein normales Gehalt bekommt, kann sich das Leben in der Stadt fast nicht mehr leisten – eine Tatsache, die dazu führt, dass immer mehr Menschen in die Randbezirke ziehen. Und dennoch: All diesen Problemen steht die unbändige Lebensfreude der Tel Avivim gegenüber, die in den Lokalen der Stadt, an den Stränden und in den schattigen Parks und Alleen das Dolce Vita zelebrieren. Auch wenn die Nachwirkungen der Corona-Krise noch allgegenwärtig sind, blickt man in Israels zweitgrößter Stadt, wie eigentlich schon immer, voller Optimismus und mit ungetrübter Zuversicht in die Zukunft.

Der Autor

Daniel Krasa wurde 1976 in Wien geboren, verbrachte aber einen Großteil seines Lebens „auf Achse" im Nahen Osten, in Südamerika, aber auch in Indien, Südostasien und Japan. Tel Aviv gehört für ihn dabei bis heute zum obligaten Stopover. An Israels lebendigster Metropole reizen den Autor v. a. die vielen Kontraste und die unbändige Ausgelassenheit, mit der die Einheimischen den nicht immer einfachen Alltag meistern. Im REISE KNOW-HOW Verlag liegen von ihm mehrere Bände in der Kauderwelsch-Reihe, die CityTrips Wien, Neapel, Graz, Frankfurt und Thessaloníki sowie die Reiseführer Österreich und Ibiza mit Formentera (zusammen mit Hans-R. Grundmann) vor.

Tel Aviv auf einen Blick

Cleveres Nummernsystem

Die Sehenswürdigkeiten sind im Text und im Kartenmaterial mit derselben **magentafarbenen ovalen Nummer** ❶ markiert. Alle anderen Lokalitäten wie Geschäfte, Restaurants usw. tragen ein **Symbol und eine fortlaufende rote Nummer** (🛍1). Die Liste aller Orte und die Zeichenerklärung befinden sich im Anhang.

🦋 Der Schmetterling ...

... zeigt an, wo man Angebote im Bereich des nachhaltigen Tourismus findet.

Bewertung der Sehenswürdigkeiten

★★★ nicht verpassen
★★ besonders sehenswert
★ wichtig für speziell interessierte Besucher

Planquadrat im Kartenmaterial

[A1] Orte ohne diese Angabe liegen außerhalb unserer Karten. Ihre Lage kann aber wie die aller Ortsmarken mithilfe der begleitenden Web-App angezeigt werden (s. Anhang).

Inhalt

1 Tel Aviv – wo Ausgelassenheit Pflicht ist
1 Der Autor

7 Tel Aviv entdecken

8 Ein Kurztrip nach Tel Aviv
10 Nur nicht verunsichern lassen ...
11 Stadtspaziergänge
12 Das gibt es nur in Tel Aviv!

16 **Erlebenswertes im Zentrum**
16 ❶ Kikar Dizengoff (כיכר דיזנגוף) ★★ [D6]
17 ❷ Rehov Meir Dizengoff (רחוב מאיר דיזנגוף) ★★★ [D6]
18 ❸ Kikar Bialik (כיכר ביאליק) ★★ [C7]
19 ❹ Rehov HaMelekh George V. (רחוב המלך ג'ורג' החמישי) ★ [D7]

Inhalt

20	*Die Wiederentdeckung einer uralten Sprache*
21	❺ Museum of the Irgun Tzvai Leumi und Jabotinsky Institute (מוזיאון האצ"ל ומכון ז'בוטינסקי) ★★ [D7]
22	❻ Shuk HaKarmel (שוק הכרמל) ★★★ [C8]
22	*Aus dem Untergrund gegen das Empire*
23	*Das Viertel der Jemeniten*
24	❼ Tayelet und Tel Aviv Beaches (טיילת וחופים) ★★★ [B6]

Südlich des Zentrums

27	❽ Shalom Meir Tower (מגדל שלום מאיר) ★ [D9]
27	❾ Sderot Rothschild (שדרות רוטשילד) ★★★ [D9]
28	❿ Independence Hall (היכל העצמאות) ★★ [D9]
29	⓫ Die Weiße Stadt – entlang der Sderot Rothschild (העיר הלבנה) ★★★ [E9]
30	*Der Bauhaus-Stil*
30	⓬ Neve Tsedek (נווה צדק) ★★★ [C10]
32	⓭ HaTachana (התחנה) ★★ [C11]
33	⓮ Hassan-Bek-Moschee (מסגד חסן בק) ★ [C9]
34	⓯ Florentin (פלורנטין) ★★ [D11]
35	⓰ American Colony und Noga (המושבה האמריקאית ונוגה) ★ [C11]

Nördlich des Zentrums

37	⓱ Sarona (שרונה) ★★ [F6]
38	⓲ Azrieli Center (מרכז עזריאלי) ★★ [G6]
39	⓳ Tel Aviv Museum of Art (מוזיאון תל-אביב לאמנות) ★★★ [F5]
40	⓴ Kikar Yitzhak Rabin (כיכר יצחק רבין) ★ [E5]
41	㉑ Rehov Ibn Gabirol (רחוב אבן גבירול) ★★ [E6]
42	㉒ Sderot Ben-Gurion (שדרות בן-גוריון) ★★ [C5]
42	㉓ Ben-Gurion House (בית בן-גוריון) ★★ [C5]
43	㉔ Namal Tel Aviv (נמל תל-אביב) ★★★ [B2]

Ramat Aviv

45	㉕ Eretz Israel Museum (מוזיאון ארץ ישראל) ★★ [S. 144]
46	㉖ Tel Aviv University (אוניברסיטת תל-אביב) ★ [S. 144]
46	㉗ ANU – Museum of the Jewish People (אנו - מוזיאון העם היהודי) ★★★ [S. 144]

Jaffa

48	㉘ Clock Tower (מגדל השעון) ★★ [B12]
49	㉙ Mahmudiya-Moschee (מסגד מחמדיה) ★ [B12]
50	㉚ Kikar Kedumim (כיכר קדומים) ★★★ [A12]
51	㉛ Saint Peter Church (כנסיית פטרוס הקדוש) ★★ [A12]

Danksagung

Für die Unterstützung und Hilfe bei Erarbeitung dieses Buchs dankt der Autor Dr. Ben Segenreich, Benjamin Audour, Dalja Gimpel, David Ressler, Jael Staszewski-Schulz, Lidia Fabian, Malefya Mekonen, Moria Inbar, Nira Scherer, Roy Nussbaum, Sagit Weiss, Shai Cohen, Sharon Ressler, Yaron Toledo, Vanessa Davitkov, Roy Paul Nathan, Gilad Fried, Ron Wald, Esther Graf, Ingeburg Amodé u. v. a.

Vorwahlen
› **Israel:** 00972
› **Tel Aviv:** 03

Geografische Begriffe

Rehov (R.)	Straße
Sderot	Allee, Boulevard
Kikar	Platz
Derech	Hauptstraße, Weg
Retsif	Kai, Ufer, hier: Uferstraße
Namal	Hafen

Updates zum Buch
www.reise-know-how.de/
citytrip/telaviv23

52	㉜ Namal Yafo (נמל יפו) ★★ [A13]
53	㉝ Ajami (עג'מי) ★ [B13]
54	*HaKol BeSeret – Tel Aviv im Film*

55 Tel Aviv erleben

56	Tel Aviv für Kunst- und Museumsfreunde
57	*Moderner Tanz in Israel*
60	*Interesse an Design? – Auf nach Holon!*
62	Tel Aviv für Genießer
72	Tel Aviv am Abend
77	Tel Aviv zum Stöbern und Shoppen
84	Tel Aviv zum Durchatmen
86	Zur richtigen Zeit am richtigen Ort

89 Tel Aviv verstehen

90	Tel Aviv – ein Porträt
92	Von den Anfängen bis zur Gegenwart
96	Leben in der Stadt
97	Tel Aviv – eine Welt für sich?

99 Praktische Reisetipps

100	An- und Rückreise
101	Autofahren
103	Barrierefreies Reisen
103	Diplomatische Vertretungen
103	Ein- und Ausreisebestimmungen
104	Elektrizität
105	Geldfragen
105	*Tel Aviv preiswert*
106	Informationsquellen
107	*Meine Literaturtipps*
108	Internet
108	LGBT+
109	Medizinische Versorgung
109	Mit Kindern unterwegs
111	Notfälle
111	Öffnungszeiten
112	Post
112	Radfahren
113	Sicherheit
114	Sprache
115	*Bay mir bistu sheyn*
115	Stadttouren
117	Telefonieren
118	Toiletten
118	Uhrzeit
118	Unterkunft
122	Verhaltenshinweise
123	Verkehrsmittel
125	Wetter und Reisezeit

127 Anhang

128	Kleine Sprachhilfe Hebräisch
134	Register
138	Impressum
139	Liste der Karteneinträge
142	Zeichenerklärung
143	*Tel Aviv mit PC, Smartphone & Co.*

▷ *Nach Partystimmung muss man in Tel Aviv nie lange suchen (075tv Abb.: dreamstime.com©Noamfein)*

TEL AVIV ENTDECKEN

Ein Kurztrip nach Tel Aviv

Viele der Sehenswürdigkeiten Tel Avivs liegen im Stadtzentrum, weshalb auf einem Streifzug durch die City gleich eine Vielzahl von Highlights besichtigt werden können. Angenehm ist dabei, dass die Entfernungen nie besonders groß sind und somit auch ein Spaziergang mit Kindern problemlos vonstattengehen dürfte. Wer nur zwei Tage in Tel Aviv zur Verfügung hat, dem mögen die folgenden gezielten Routenvorschläge durch die Metropole am Mittelmeer dienen.

Wichtig: Am jüdischen Wochenende (Shabbat, von Freitagabend bis Samstagabend) haben zahlreiche Geschäfte, Lokale und Museen geschlossen und der öffentliche Nahverkehr steht weitestgehend still.

1. Tag: Die vielen Gesichter Tel Avivs

Im Vordergrund sollte am ersten Tag ein ausgiebiger **Bummel durch die Innenstadt** entlang der Rehov Meir Dizengoff ❷ stehen (z. B. wie im Stadtspaziergang auf S. 11 beschrieben), denn hier befinden sich zahlreiche Geschäfte, Cafés und Lokale.

Südlich der Innenstadt führt die **Rehov HaMelekh George V.** ❹ auf den wuseligen **Lebensmittelmarkt Shuk HaKarmel** ❻, einem definitiven „Must-see" der Stadt. Ab hier hat man die Wahl zwischen dem **Gassengewirr des Jemenitischen Viertels** (s. S. 23) mit seinen typischen Lokalen oder man bewegt sich gleich weiter nach Süden ins **Künstlerviertel Neve Tsedek** ⓬ und stattet danach dem alten **Bahnhof HaTachana** ⓭ mit seinen Boutiquen einen Besuch ab.

Nachmittags könnte man wahlweise das arabisch anmutende **Jaffa** (s. S. 48) mit dem kleinen Hafen und dem anmutigen Altstadtkern besuchen oder bei genügend Sonne sein ganz individuelles Plätzchen an einem der südlichen Strände entlang der **Tayelet** ❼ genannten Uferpromenade finden, um von den Urlaubsstrapazen auszuspannen.

Wer sich für Design interessiert, der kann ab Jaffa mit dem Bus ins nahegelegene **Design Museum nach Holon** (s. S. 60) fahren oder zu einem beschaulichen Spaziergang durch die weniger bekannten Stadtviertel wie **Ajami** ㉝ oder **Noga** ⓰ aufbrechen, die garantiert einen Blick über den touristischen Tellerrand ermöglichen.

Abends

Zum abendlichen Festschmaus empfiehlt sich z. B. das **Goocha** (s. S. 66) für Fischgerichte, das **Café Noir** (s. S. 66) für ein köstliches Schnitzel oder das **Dallal** (s. S. 65) für Leckerbissen der israelisch-orientalischen Küche. Wer noch genug Energie hat bzw. kein Arrangement für eine „kulturelle Soirée" getroffen hat, findet im anmutig-unprätentiösen Ausgehviertel **Florentin** ⓯ jede Menge Kneipen und Bars, um den ersten Abend standesgemäß zu begießen. Wer mehr auf Tanzen aus ist, dem sei ein Besuch in einer der zahlreichen Diskotheken (s. S. 74) empfohlen.

◁ *Vorseite: Für Spaziergänger, Jogger, Rollerblader oder Radler ein Paradies: die Tayelet* ❼

▷ *Das Holocaust- und Widerstandsmonument auf dem Kikar Yitzhak Rabin* ⓴

Ein Kurztrip nach Tel Aviv

2. Tag: Tel Aviv für Genießer und Kunstfans

Morgens

Nach einer Erfrischung im Meer sollte man diesen Tag im Zeichen der **Bauhaus-Architektur** beginnen. Als Ausgangspunkt bietet sich z. B. der Boulevard **Sderot Rothschild** ❾ ab der Kreuzung mit der Rehov Herzl an, denn sie bildet eine der repräsentativsten Gegenden innerhalb des als **Weiße Stadt** ⓫ bezeichneten Bauhaus-Ensembles. Im Bauhaus Center (s. S. 106) an der Rehov Meir Dizengoff erhält man das entsprechende Kartenmaterial oder einen Audioguide für einen Rundgang.

Wer bisher noch nicht zum Frühstücken gekommen ist, muss nicht verzagen, denn die Sderot Rothschild verfügt über reichlich Cafés. An israelischer Geschichte Interessierte sollten außerdem der an der Straße beheimateten **Independence Hall** ❿ einen Besuch abstatten (bis 2024 in Umbau).

Am nördlichen Ende der Sderot Rothschild befindet sich ein großes Areal, an dem das **HaBimah National Theatre of Israel** (s. S. 76), das **Charles R. Bronfman Auditorium** (s. S. 77) und auch der **Helena Rubinstein Pavilion** (s. S. 58) zu finden sind. Letzterer bietet wechselnde Ausstellungen, die für **Kunstfreunde** sicherlich interessant sind, und wer nun in Sachen Malerei erst richtig in Fahrt gekommen ist, der könnte noch das **Tel Aviv Museum of Art** ⓳ besuchen, das man über die Sderot Sha'ul HaMelekh erreicht. Ansonsten kann man getrost weiter in Richtung Norden zur nahegelegenen **Rehov Ibn Gabirol** ㉑ gehen, denn hier ist es ein Leichtes, die geeignete Location für das wohlverdiente **Mittagessen** zu finden.

Nachmittags

Für eine Pause bieten sich die Bänke am **Kikar Yitzhak Rabin** ⓴ an, dem riesigen Platz, an dem sich auch das Rathaus befindet. Am nordwestlichen Ende des Platzes führt die hübsche **Sderot Ben-Gurion** ㉒ in Richtung Küste. Praktisch alle paar Hundert Meter laden auf dem begrünten Mittelstreifen der Allee kleine Getränkebüdchen zu einem Espresso oder einem frisch gepressten Fruchtsaft ein. Bei Hausnummer 17 kann man sich im **Ben-Gurion House** ㉓ auf eine Zeitreise in die 1940er- und 1950er-

Ein Kurztrip nach Tel Aviv

Nur nicht verunsichern lassen ...

Wer **Straßenschilder** vergleicht, kann schnell den Eindruck bekommen, sich verlaufen zu haben, denn die **Schreibung von Straßennamen** ist alles andere als einheitlich: Z. B. wird aus der Rehov Nachalat Binyamin („Rehov" heißt „Straße") hier und da die Nahalat Benyamin Street, aus der Sderot Rothschild („Sderot" bedeutet „Allee" oder „Boulevard") wird die Sdeerot Rotshild oder der Rothschild Boulevard und die Rehov Ibn Gabirol kann durchaus auch zur Rehov Iben Gavirol oder zur Ibin Gabeerol Street mutieren. Also bloß nicht entmutigen lassen, solange es ähnlich klingt, ist man richtig!

Jahre begeben, als Israels erster Premierminister David Ben-Gurion dieses Gebäude sein Zuhause nannte.

Die Sderot Ben-Gurion endet am erhöht gelegenen **Kikar Atarim**. Nun hat man die Qual der Wahl, wie man den weiteren Nachmittag gestalten möchte. **Sonnenhungrige** können sich gen Süden bewegen und an einem der Strände den Teint auffrischen. Wer hingegen noch etwas Energie hat, sollte entlang der **Strandpromenade** nach Norden gehen. Nach wenigen Hundert Metern erreicht man den alten **Hafen (Namal ㉔)**, in dessen Lagerhallen heute angesagte Boutiquen und Kneipen zum Shoppen und Schlemmen einladen. Auch ein einfacher Spaziergang entlang des großzügig mit Holzplanken angelegten „Mega-Sonnendecks" nördlich des ehemaligen **Hafenbeckens** lohnt sich! Freitags findet hier ein Lebensmittelmarkt statt, wer an einem anderen Tag kommt und trotzdem etwas Marktflair möchte, der kann den kleinen, aber feinen, überdachten **Shuk HaNamal** (s. S. 82) besuchen, in dem man auch einen Kaffee oder einen Imbiss zu sich nehmen kann.

Sollte das Wetter bei keiner dieser Alternativen mitspielen, empfiehlt es sich, ab der **Rehov Ben-Yehuda** [C4/5] – die Haltestelle liegt kurz vor dem Kikar Atarim – mit dem Bus oder Sherut (Sammeltaxi, s. S. 124) in die **Universität** ㉖ nach Ramat Aviv zu fahren, denn hier befindet sich inmitten des Campus das äußerst sehenswerte **ANU (Museum of the Jewish People)** ㉗, das einem die Geschichte der Juden in der Diaspora näherbringt.

Abends

Abends ist ein Besuch von Tel Avivs **schickem Nightlifeviertel** am nördlichen Ende der Rehov Meir Dizengoff ❷ und der Rehov Ben-Yehuda zu empfehlen. Für ein Abendessen bieten sich speziell das sympathische **Shila** (s. S. 66) oder für die, die es nach Exotik lüstet, das **FU Sushi** (s. S. 68) an und im Anschluss gibt es in der Umgebung mehr als genug einladende Kneipen. Alternativ könnte man auch im Umkreis der Rehov Lilienblum einkehren: Im schicken **North Abraxass** (s. S. 65) ist z. B. gutes Essen garantiert und im nahegelegenen **Drama** (s. S. 74) steppt bis frühmorgens der Bär! Für Kulturfreunde könnte ein Theaterabend im **HaBimah National Theatre of Israel** (s. S. 76) oder im **Cameri Theatre** (s. S. 76) bzw. ein Konzert des **Israel Philharmonic Orchestra** im Charles R. Bronfman Auditorium (s. S. 77) diesen zweiten Tag in Tel Aviv abrunden.

Stadtspaziergänge

Für ein erstes Kennenlernen Tel Avivs bietet sich der unten beschriebene Stadtspaziergang an. Wer einen Rundgang jenseits des „Mainstream" bevorzugt, der bekommt auf der hier skizzierten Erkundungstour durch das Zentrum und die angrenzenden Stadtviertel ein gutes Bild der vielfältigen Metropole.

Stadtspaziergang 1: Durch das pulsierende Tel Aviv

Der Spaziergang, für den man ohne Besuch der Sehenswürdigkeiten gut zwei Stunden einplanen sollte, beginnt am **Kikar Dizengoff** ❶. Der Platz bildet den Mittelpunkt der Innenstadt und von hier aus bieten sich einem gleich mehrere Besichtigungsmöglichkeiten an. Für einen ersten Rundgang empfiehlt es sich, die **Rehov Meir Dizengoff** ❷ nach Süden zu schlendern. Sie ist nicht nur die geschäftigste Einkaufsstraße der Stadt, sondern eignet sich auch, um z. B. in einem der vielen Kaffeehäuser erstmal den speziellen Charakter Tel Avivs auf sich wirken zu lassen. Am südlichen Ende der Straße befindet sich das futuristische **Dizengoff Center** (s. S. 78), das – abgesehen von den Shops – auch baulich ein Wahrzeichen der Stadt ist. Von hier sollte man auf der **Rehov Ha-Melekh George V.** ❹ weiter gen Süden gehen. Im **Museum of the Irgun Tzvai Leumi** ❺ erfährt man einiges über den paramilitärischen Freiheitskampf in den 1930er- und 40er-Jahren, der letztlich zur Unabhängigkeit des Staates Israel führte. Schräg gegenüber kann man sich im **Park Gan Meir** (s. S. 85) eine Pause gönnen.

Wenige Meter weiter wird es bunt und lebendig – beispielsweise am **Bezalel-Textilmarkt** (s. S. 81). Noch etwas weiter südlich, auf der anderen Seite der Kreuzung mit der viel befahrenen Rehov Allenby, beginnt der **Shuk HaKarmel** ❻, Tel Avivs Obst- und Gemüsemarkt. Es ist eine Freude, hier den Händlern beim Anpreisen ihrer Waren zuzusehen und dabei festzustellen, dass die Seele der Stadt doch im Grunde orientalisch ist! Wer dienstags oder freitags kommt, sollte es keinesfalls verpassen, den nahegelegenen **Kunsthandwerksmarkt** (s. S. 82) in der verkehrsberuhigten Rehov Nachalat Binyamin zu besuchen. Spätestens jetzt dürfte das Magenknurren beginnen, doch keine Sorge, im Gassengewirr des westlich des Marktes gelegenen **Kerem HaTemanim**, dem „Viertel der Jemeniten" (s. S. 23), finden sich äußerst authentische Lokale, in denen man nicht nur delikat, sondern auch verhältnismäßig günstig **zu Mittag speisen** kann.

Südlich des Shuk HaKarmel ❻ ragt der **Shalom Meir Tower** ❽ in den Himmel (zu erreichen über die Rehov Kalisher), in dessen Inneren man die kostenlose Fotoausstellung besichtigen sollte. Von hier biegt man nach Westen in die Rehov Shalom Shabazi ab, der schmucken Hauptstraße des aufwendig sanierten Viertels **Neve Tsedek** ⓬ mit seinen Galerien, hübschen Boutiquen, Cafés und ein paar äußerst empfehlenswerten Lokalen. Wer sich für modernen Tanz begeistert, der kann im **Suzanne Dellal Centre** (s. S. 77) Infos zum dortigen Programm einholen. Im südlichen

> **Routenverlauf im Stadtplan**
> Die hier beschriebenen Spaziergänge sind mit farbigen Linien im Stadtplan eingezeichnet.

Teil Neve Tsedeks bietet sich **HaTachana** ⓭ – der alte Bahnhof der Zuglinie Jaffa-Jerusalem – für einen Kaffee- oder Shopping-Zwischenstopp an. Anschließend sollte man sich auf die andere Straßenseite der viel befahrenen Rehov Yehezkel Koifman begeben, um auf der **Tayelet** ❼ entlang der Küste nach **Jaffa** (s. S. 48) zu schlendern. Hier befindet sich auch das **Museum of the I. Z. L.** (s. S. 59), ein Ausstellungshaus für an Militaria Interessierte.

Am Ende des Alma Beach sollte man gen Süden bis zum Kreisel am Kikar HaSokhnut gehen. Den Ausgangspunkt für eine Erkundung bildet hier der **Clock Tower** ㉘ an der lebendigen Rehov Yefet, die an der westlichen Seite von der **Mahmudiya-Moschee** ㉙ flankiert wird. Zuerst empfiehlt es sich, der Gegend östlich des Platzes einen Besuch abzustatten, denn mit seinen Cafés, Boutiquen sowie dem So bis Fr hier stattfindenen Flohmarkt namens **Shuk**

Das gibt es nur in Tel Aviv!

Zuerst sind natürlich die weitläufige **Strandpromenade Tayelet** ❼ und die davor liegenden **Sandstrände** zu nennen, die besonders zum Sonnenuntergang eine einzigartige Atmosphäre ausstrahlen. Immerhin zählt Tel Aviv zu den wenigen Großstädten, in denen man sich in wenigen Minuten von einer Museums-, Kneipen- oder Shoppingtour ganz entspannt im Meer abkühlen kann. Dann darf man keinesfalls das als **Weiße Stadt** ⓫ bekannte Ensemble von über 4000 Gebäuden im Stil der Bauhaus-Architektur verpassen.

100 % Tel Aviv ist auch das „relaxt-groovige Flair", für das die „Stadt, die niemals schläft" so bekannt ist und das man am besten in einem der zahlreichen Cafés, Kneipen oder Clubs erlebt. **Kulinarisch** erlebenswert sind die vielen typisch israelischen Imbissmöglichkeiten wie Falafel, Hummus oder Sabich. Und zur allgegenwärtigen Feel-Good-Sommerlaune passt am besten ein Glas frisch gepresster Fruchtsaft, das unangefochtene „Nationalgetränk" der Tel Avivim, wie man die Einwohner der Stadt auf Hebräisch nennt.

003tv Abb.: dk

HaPishpeshim (s. S. 82) bildet es zweifelsohne das Epizentrum des „ursprünglichen" Jaffa. Danach kann man sich der etwas entspannteren, aber auch deutlich touristischeren **Altstadt Jaffas** zuwenden. Man erreicht sie über die steil ansteigende Rehov Mifrats Shlomo, die am **Kikar Kedumim** 30 endet. Hier oben sollte man erstmal den atemberaubenden Blick über die Küstenlinie Tel Avivs genießen und danach der schmucken **Saint Peter Church** 31 mit dem angeschlossenen Kloster einen Besuch abstatten. Der Platz vor der Kirche lässt noch etwas von den vergangenen Jahrhunderten erahnen, während Sonnenanbeter bei entsprechender Wetterlage vielleicht lieber eine Pause im leicht erhöht liegenden **Park HaPisgah** (s. S. 84) einlegen. Danach schlendert man über die schmalen Gässchen Mazal Moznaim und Netiv HaMazalot durch den nordwestlichen Teil Alt-Jaffas bis hinunter zum **Hafen Namal Yafo** 32 mit seinem Leuchtturm. Ob auf ein kaltes Getränk, einen Snack oder einfach, um das hiesige Flair zu absorbieren, eine Stippvisite am Wasser lohnt sich. Apropos Wasser: Von Jaffa verläuft die **Tayelet** 7 genannte Strandpromenade praktisch pfeilgerade nach Norden und jeder sollte sich ganz individuell sein Plätzchen – ob auf den Klippen des **Charles Clore Parks** (s. S. 84), an einem der Strände oder zum Aperitif in einer der vielen **Strandkneipen** – suchen, um dem Naturschauspiel der im Meer **versinkenden Sonne** zu frönen und damit diesen Tag ausklingen zu lassen.

Stadtspaziergang 2: Das alternative Tel Aviv

Beginn eines solchen **Rundgangs**, für den man ohne Besuch der Sehenswürdigkeiten zwei Stunden einplanen sollte, sollte der Kikar London an der Tayelet 7 oberhalb des Frishman Beaches sein. Ein Bummel durch die City ist aber nicht nur im rein touristischen Sinne spannend, denn Märkte, Lokale, Cafés und Geschäfte sorgen für reichlich Abwechslung.

Man verlässt die Uferpromenade mit ihren gewaltigen Hotelkomplexen in Richtung Osten auf der **Rehov Bograshov**, einer der hippsten Straßen für ausgefallene Mode, den ul-

◁ *Immer wieder ein Erlebnis – die Tayelet* 7 *zum Sonnenuntergang*

△ *Aufs blaue Meer kann man in Tel Aviv an vielen Orten blicken*

timativen Haarschnitt oder, um einfach einen Cappuccino in der Sonne zu genießen. Nach 600 m biegt man rechts in die Rehov Tchernihovski ab. Hier beginnt eines der vielleicht authentischsten, wenn paradoxerweise auch **ruhigsten** und fast am wenigsten besuchten Viertel der **Innenstadt.**

Wer Zeit hat, kann einen Abstecher zum Kikar Bialik ❸ machen. An diesem kleinen Platz haben das **Bialik House** (s. S. 57), das **Rubin Museum** (s. S. 60), das **Beit Ha'ir** (s. S. 56), das **Liebling Haus** (s. S. 59) und das **Felicja Blumental Music Center and Library** (s. S. 77) praktisch für jeden musealen Geschmack etwas zu bieten. Alternativ kann man der Rehov Tchernihovski nach Süden und dann der lärmenden Rehov Allenby nach links bis zum nahegelegenen Kikar Magen David folgen, von wo einen die besonders unter Shoppern beliebte **Rehov Sheinkin** [D/E8] bis zur entspannten **Sderot Rothschild** ❾ bringt. Wem jetzt bereits nach einer Pause zumute ist, der findet inmitten des Grünstreifens auf dem Boulevard genügend Bänke, aber auch nahegelegene Lokale.

Von hier kann man den Streifzug entlang der nach der berühmten Bankiersfamilie benannten Allee in Richtung Südwesten fortsetzen, um dann nach Süden die **Rehov Nachalat Binyamin** [D9/E10] entlangzuschlendern. Alternativ geht es zunächst nach Norden bis zum Ende der Straße und anschließend auf der anderen Straßenseite Richtung Süden zur Rehov Nachalat Binyamin. Zwar hat dieser Teil der Straße nichts mehr mit dem nördlicher gelegenen verkehrsberuhigten Künstlerviertel – das allgemein unter dem Namen Nachalat Binyamin (s. S. 82) firmiert – zu tun, aber gerade die **Normalität der Gegend** besticht. Doch keine Sorge, das nächste Highlight wartet schon. Nach gerade mal 300 m erstreckt sich in der Rehov Levinski der **Levinski-Gewürzmarkt** (s. S. 83), ein Schlaraffenland für (Hobby-)Köche und Fotografen. Wem nun der Magen knurrt, der findet inmitten des Marktes verschiedene kleine Restaurants mit vorrangig persischer oder türkischer Küche. Andernfalls sollte man sich weiter entlang der Rehov Herzl und der Rehov Florentin [D11] – des unter trendbewussten Jugendlichen

Stadtspaziergänge 15

beliebten, schick-gammeligen **Viertels Florentin** ⓯ – Richtung Westen bewegen. Im krassen Gegensatz zur coolen Urbanität Florentins steht das Gebiet um die **Rehov Abarbanel** [D11] mit ihren Schreinereien und Schmiedewerkstätten, in denen laut gehämmert und geschweißt wird. Doch gerade dort, zwischen den Kleinfabriken, verbergen sich die **angesagtesten Kneipen** der Stadt.

Weiter geht es auf der Rehov Abarbanel in Richtung Süden und dann auf der Derech Shlomo nach Westen bis in die relativ unbekannten Stadtviertel **Noga** und **American Colony** ⓰. In Letzterem lohnt sich ein Besuch der **Beit-Immanuel-Kirche** (s. S. 35) sowie mehrerer kleiner originalgetreu nachgebildeter Holzhäuser, von denen sich in einem das **Maine Friendship House** (s. S. 35) befindet, das an 35 christliche Familien aus dem US-Bundesstaat Maine erinnert, die ab 1866 hier siedelten.

Auf der **Sderot Yerushalayim** läuft man nun in Richtung Norden – nahe des Gesher Theatre (s. S. 76) finden sich Kneipen für eine kleine Erfrischung – und dann auf der Rehov Eilat nach Osten. Nach etwas mehr als 600 m geht es über die Rehov Chelouche [C10] zum Viertel **Neve Tsedek** ⓬ mit seinen kleinen Häuschen im Stil des ausgehenden 19. Jahrhunderts und dem großen Angebot an schicken Boutiquen und trendigen Lokalen.

Anschließend folgt man der **Rehov Chelouche** [C10] nach Norden und biegt dann nach rechts auf die Rehov HaMered ab. Wer möchte, kann von hier die über die nach Westen verlaufende Rehov Yosef Levi zu erreichende **Hassan-Bek-Moschee** ⓮ besuchen oder sich schnurstracks auf der Rehov HaMered in Richtung Nordwesten halten, um dann z. B. über die Rehov Daniel [C9] wieder die Uferpromenade **Tayelet** ❼ zu erreichen, die einen zurück zum Ausgangspunkt, dem Kikar London, führt.

◸ *Luftbildaufnahme des neu gestalteten Kikar Dizengoff* ❶

◁ *Hunger? Kein Problem: Das Warenangebot auf Tel Avivs Märkten ist überbordend!*

Erlebenswertes im Zentrum

Das Zentrum Tel Avivs erstreckt sich im Wesentlichen im Umkreis des Kikar Dizengoff ❶ *mit den angrenzenden Straßenzügen wie der Rehov Meir Dizengoff* ❷*, der Rehov HaMelekh George V.* ❹ *und der Rehov Ben-Yehuda. Wer nur einen Tag in der Stadt weilt, der bekommt hier, wenige Meter von der Tayelet* ❼ *genannten Strandpromenade, zumindest shoppingtechnisch all das geboten, was man braucht, um mitreden zu können. Und wer über den Karmel-Markt* ❻ *schlendert, ist nicht nur geografisch, sondern auch von der Atmosphäre her im Orient angekommen und hat sich danach eine kühle Erfrischung an einem der herrlichen, goldschimmernden Sandstrände entlang der Tayelet verdient. Denn mal ehrlich, in welcher anderen Metropole kann man sich in wenigen Minuten von einer Museums-, Kneipen- oder Shoppingtour ganz entspannt am Strand ausruhen?*

☑ *Yaacov Agams Brunnen bildet das Wahrzeichen des Kikar Dizengoff*

❶ Kikar Dizengoff ★★ [D6]
כיכר דיזנגוף

Ob der Kikar („Platz") Dizengoff nach dem ersten Bürgermeister der Stadt oder nach dessen Ehefrau benannt wurde, ist unklar, dass er das Zentrum Tel Avivs und somit den perfekten Nullpunkt einer Stadterkundung bildet, steht hingegen zu 100 % fest.

Tel Aviv entstand Anfang des 20. Jahrhunderts, deshalb verwundert es nicht, dass in der Stadt ein historisch gewachsenes Zentrum, wie man es in anderen (orientalischen) Städten findet, fehlt. Der Kikar Dizengoff gilt für die meisten Bewohner als **Inbegriff des Stadtzentrums** und besteht aus einem Hauptplatz im klassischen Sinn mit Springbrunnen und Bänken. Hier kreuzen sich die Fahrbahnen der Rehov Meir Dizengoff ❷ mit der Rehov Pinsker, doch trotz der Autos, Scooter, Fahrräder und Elektroroller wirkt der Platz wie eine Art „Ruheinsel" inmitten des wuseligen Treibens.

Vermutlich ist der – auch Kikar Tsina genannte – Platz nach **Tsina**

Erlebenswertes im Zentrum 17

Chaya Dizengoff (geb. Brenner, 1872–1930), der Gattin von Tel Avivs erstem Bürgermeister, benannt. Sie wurde in der Ukraine geboren und unterstützte ihren Mann bei Aktivitäten zur Förderung der Stadt, insbesondere in den Bereichen Krankenpflege und Lehre.

Ihr Mann, der aus Bessarabien stammende Ingenieur und Kaufmann Meir Dizengoff (1861–1936), kam als überzeugter Zionist bereits 1905 nach Palästina und war am Aufbau der ersten jüdischen Siedlung bei Jaffa (Achuzat Bayit) beteiligt. Er leitete von 1921 – nachdem Tel Aviv zur Stadt erklärt worden war – bis zu seinem Tod (mit einer Unterbrechung von 1925 bis 1928) im höchsten Amt der Stadtverwaltung die urbane Entwicklung. In seiner Regierungszeit stieg die Bevölkerung von 46.000 auf fast 150.000 Einwohner und Tel Aviv wurde zu einer der größten Städte des Landes und dessen kulturelles Zentrum.

Der 1986 von Yaacov Agam geschaffene, computergesteuerte **Brunnen** auf dem Kikar Dizengoff bietet ab und an illuminierte und musikalisch untermalte Wasserspiele. Um den von **Josef Buchmann**, einem aus Polen stammenden und in Frankfurt ansässigen Investor, finanzierten Brunnen finden sich Grünstreifen aus Kunstrasen, die besonders am Wochenende als Ruheorte beliebt sind.

Im Osten des Platzes wird dieser von zwei hübschen **Bauhaus-Gebäuden** flankiert, in denen sich das Center Chic Hotel (s. S. 119) und das Cinema Hotel (s. S. 119) befinden. Am nordöstlichen Ende des Platzes befindet sich das große **Multiplexkino Rav-Hen** (s. S. 76), in dem auch Filme auf Englisch auf dem Programm stehen und dahinter hat sich das auch für Besucher aufschlussreiche **Kabbalah Centre** angesiedelt, in dem man einen Einblick in die jüdische Mystik bekommt.

In der näheren Umgebung des Platzes befinden sich zudem reichlich **Cafés, Restaurants** und **Kneipen** wie das nette La-Shuk (s. S. 67) im südöstlichen Zipfel des Platzes, sodass auch nach Geschäftsschluss das gesamte Viertel bis in die frühen Morgenstunden belebt bleibt.

› Haltestelle Kikar Dizengoff, Bus 5, 18, 25
› Kabalah Centre, 14 Ben-Ami St., Tel. 054 3232063, www.kabbalah.com

❷ Rehov Meir Dizengoff ★★★ [D6]
רחוב מאיר דיזנגוף

Als größte und bekannteste Einkaufsstraße Tel Avivs sind die Rehov Meir Dizengoff und das ihr angeschlossene Einkaufszentrum, das beliebte Dizengoff Center (s. S. 78), der perfekte Ort für einen entspannten Schaufensterbummel oder auch olympisches Hardcoreshopping. Menschen aller sozialen Schichten und Altersgruppen lieben es, die Straße auf und ab zu flanieren und wegen dieser lebendigen Atmosphäre kann ein Besuch auch potenziellen Shoppingmuffeln empfohlen werden.

Mit einer Vielzahl an hippen Modetempeln, schicken Boutiquen, angesagten Parfümerien, allerlei ausgeflippten Geschäften, gemütlichen Stöberlädchen und einer großen Menge an Cafés, cool gestylten Lokalen, Imbissbuden, Schnellrestaurants und Eissalons bietet die Rehov Meir Dizengoff praktisch alles, was der anspruchsvolle Shoppingfan begehrt. Sie stellt seit vielen Jahrzehnten eine

18 Erlebenswertes im Zentrum

der **umsatzstärksten Einkaufsstraßen Israels** dar, ist dabei aber nicht nur dem „Big Consumer Business" verfallen, sondern bietet durchaus auch alternatives Einkaufsambiente.

Die breite, allerdings auch **viel befahrene Straße** bildet eine Süd-Nord-Achse und führt am gewaltigen **Dizengoff Center** vorbei, einem der beliebtesten Shoppingcenter der Stadt mit zahlreichen Flagshipstores großer Modeketten, Elektronikgeschäften, renommierten Kauf- und Warenhäusern sowie einem Supermarkt und sogar einem Schwimmbad. Ab hier erstreckt sie sich in Richtung Norden bis zum Kikar Plumer, wo die Ben-Yehuda-Brücke über den Yarkon-Fluss führt. Für „normalsterbliche" Shopper interessant ist die Straße allerdings speziell auf den ersten 1,4 Kilometern bis zur Kreuzung mit der Rehov Arlozorov [C4], denn nördlich davon mutiert sie zur exklusiven Einkaufsmeile, auf der nicht nur das Angebot an **edlen Designergeschäften** atemberaubend ist, sondern auch deren Preise. Wer es sich leisten kann, wird auch östlich auf der Rehov Basel und der anschließenden Rehov Ashtori HaParchi fündig.

Wem Shopping auf die Dauer zu profan ist oder wer sich vom Einkaufsstress erholen muss, der sollte sich **gegen Abend** auf die Gegend um die Kreuzung mit der Sderot Ben-Gurion ㉒ konzentrieren, denn hier versammeln sich zahlreiche **junge Leute** auf ein erfrischendes Getränk oder zum Essen, z. B. im Goocha (s. S. 66), einem Kleinod für Fans von Fischgerichten.

› Haltestellen Jabotinsky oder Dizengoff Center, Bus 5

❸ Kikar Bialik ★★ [C7]
כיכר ביאליק

Wer dem Trubel entfliehen möchte oder sich nach Kultur sehnt, der sollte südwestlich des Dizengoff Centers (s. S. 78) über die Rehov Tchernihovski bis zum **Kikar Bialik** laufen. Dieses vor ein paar Jahren neu gestaltete Plätzchen mit seinen **stilvoll restaurierten Häusern** ist ein Kleinod. Hier befinden sich außerdem das **Bialik House** (s. S. 57), ein Museum über das Leben und Schaffen des großen israelischen Dichters Chaim Nachman Bialik, das **Rubin Museum** (s. S. 60) mit Bildern und Zeichnungen des international bekannten Malers Reuven Rubin, und das **Beit Ha'ir** (s. S. 56), also das ehemalige Rathaus, in dem heute eine Dauerausstellung über die Entstehung Tel Avivs beheimatet ist. Das **Felicja Blumental**

▱ *Willkommen im Zentrum: das Dizengoff Center (s. S. 78) in der Rehov Meir Dizengoff*

Erlebenswertes im Zentrum

Music Center and Library (s. S. 77) ist eine Art Begegnungsstätte für Musikliebhaber, in der regelmäßig klassische Konzerte stattfinden.

Vom Kikar Bialik führt einen die Rehov Idelson – hier liegt das Liebling Haus (s. S. 59), das sich der städtebaulichen Entwicklung Tel Avivs widmet – nach Westen bis auf die etwa 2,8 Kilometer lange, nach Norden mehr oder weniger parallel zur Rehov Meir Dizengoff ❷ verlaufende, viel befahrene **Rehov Ben-Yehuda**, die knapp unterhalb des Yarkon-Ufers endet. Sie ist eine der **geschäftigsten Straßen der Stadt,** denn an ihr und in den sich östlich und westlich anschließenden Sträßchen befinden sich eine Vielzahl von Banken und Geldwechselstuben, die Niederlassungen zahlreicher Fluggesellschaften, Reisebüros, aber auch Supermärkte, Apotheken, Souvenirläden und Geschäfte, die Judaica-Artikel im Angebot haben. **Baulich** ist die Straße definitiv **keine Augenweide,** doch etwa ab der Kreuzung mit der Rehov Gordon besticht sie gerade durch ihre urbane Einfachheit und die vielen Eissalons, Restaurants und Kaffeehäuser, darunter auch das Benedict (s. S. 68), in dem es 24 Stunden lang Frühstück in allen Farben und Facetten gibt. Ein touristisches Highlight ist die Rehov Ben-Yehuda nicht, aber eine praktische Anlaufstelle für Neuankömmlinge, die z. B. ihren Rückflug umbuchen müssen oder zu besseren Konditionen als am Flughafen noch ein paar Schekel wechseln wollen.

Benannt wurde die Straße nach **Elieser Ben-Yehuda** (1858–1922), einem aus Russland stammenden Journalisten, Sprachwissenschaftler und Autor des ersten modernen hebräischen Wörterbuchs. Er gilt als die wichtigste Kraft bei der Entwicklung und Verbreitung des modernen *Ivrit* (Hebräisch) als gesprochene Sprache, umso paradoxer ist es, dass gerade im südlichen Teil der Straße auffallend viel **Russisch** gesprochen wird. Die südliche Verlängerung der Rehov Ben-Yehuda bildet die **Rehov Allenby** [C8], über die man in den Südosten Tel Avivs gelangt.

› Haltestelle Allenby/Bialik, Bus 4, 10

❹ Rehov HaMelekh George V. ★ [D7]

רחוב המלך ג׳ורג׳ החמישי

Nicht nur den Einheimischen mag manchmal die Rehov Meir Dizengoff ❷ zu teuer und das Dizengoff Center (s. S. 78) zu überlaufen sein. Glücklicherweise gibt es da aber noch die orientalisch anmutende Einkaufsstraße Rehov HaMelekh George V.

König George V. (1865–1935) war der amtierende Monarch während des sog. **British Mandate for Palestine** (1920–1948), also der Zeit, in der das Vereinigte Königreich im heutigen Israel eine Protektoratszone errichtete und somit nach dem Zusammenbruch des Osmanischen Reiches (wenn auch nicht ganz freiwillig) den Grundstein zur Ausrufung des **jüdischen Staates** schuf. Ab dem Dizengoff Center verläuft die nach ihm benannte Rehov HaMelekh George V. (meist nur als Rehov King George bezeichnet) in südwestlicher Richtung. Auf den ersten Metern ist sie noch eine relativ elegant wirkende Geschäftsstraße mit Cafés und Shops – darunter dem einmalig gut sortierten **The Third Ear** (s. S. 80), einem Mekka in Sachen Musik und Film – und dem aufschlussreichen **Museum of the Irgun Tzvai Leumi** ❺ bzw. dem dazugehörigen **Jabotinsky Institut**, das einen äußerst spannenden Einblick in die Aktivitäten der Untergrundorganisation Irgun Tzvai Leumi gibt. Südlich des Museums wird die Straße jedoch zunehmend zu einem **quirligen Geschäftsviertel** mit einer schier unermesslichen Anzahl an Boutiquen mit allerdings nicht besonders hochwertiger Mode, Modeaccessoires, Unterwäsche, aber auch Schuhgeschäften, allerlei Ramschläden sowie Kosmetik- und Haushaltsartikelshops. Zwar mögen potenzielle Shopper hier ihre Schwierigkeiten haben, bei der angebotenen Ware die Spreu vom Weizen zu trennen, doch es ist v. a. die Atmosphäre, die diese Gegend auf eine ganz besondere Art und Weise erfrischend lebendig macht.

Den Höhepunkt der ganzen Gegend bildet der wuselige **Bezalel-Textilmarkt** (s. S. 81), aber wer keine Lust auf Feilschen und Gedränge hat, der findet im Park **Gan Meir** (s. S. 85) östlich der Rehov HaMelekh George V. die nötige Entspannung – vorausgesetzt man hält sich nicht in unmittelbarer Nähe des **Hundebereichs** auf. Das **Meir Café** (s. S. 108) inmitten des Parks ist wundervoll zum Relaxen geeignet und wer den Sauerstoff- und Koffeinhaushalt wieder aufgefrischt hat, kann über die östlich der Rehov HaMelekh George V. laufende, ruhigere Parallelstraße Rehov Tchernihovski in Richtung Süden gehen. **Hungrige Mägen** werden im französischen Café-Bistro **Tchernihovski 6** (s. S. 67) sicher nicht enttäuscht. Unkonventioneller geht es bei **Banin Jonny** (s. S. 69) zu, wo es Hummus gibt, oder bei **Sabich** (selbes Gebäude wie Banin Jonny), wo die gleichnamigen irakischen Sandwichs im Angebot sind.

› Haltestelle King George, Bus 18, 25

Die Wiederentdeckung einer uralten Sprache

Hebräisch – im Original עברית („Ivrit") – gehört zur kanaanäischen Gruppe des Nordwestsemitischen und ist eng mit dem Aramäischen und Arabischen verwandt. Es bildet die heilige Sprache der Juden, so wurde der Tanach – die heilige Schrift – im Laufe des 1. Jahrtausends v. Chr. überwiegend auf Hebräisch verfasst.

Nach der Zerstörung des Zweiten Tempels zu Jerusalem im Jahre 70 n. Chr. verlagerte sich das Zentrum jüdischen Lebens von Judäa nach Galiläa und ins Exil. Bereits 130 Jahre später hörte Hebräisch daher auf, als Alltagssprache zu fungieren, blieb jedoch bis in die Neuzeit eine **Sakralsprache** – v. a. für das tägliche Gebet und das Studium der Tora –, die jedoch nie ausschließlich zu liturgischen Zwecken benutzt wurde, sondern auch zur Abfassung von juristischen, medizinischen, philosophischen und poetischen Texten. Mit dem Aufkommen des zionistischen Gedankens (s. S. 92) wurde es schnell notwendig, eine gemeinsame, alle Juden einende „Muttersprache" zu konzipieren und in diesem Geiste gründete Elieser Ben-Yehuda 1889 in Jerusalem den „Rat der Hebräischen Sprache". Er war Vorläufer der immer noch existenten Akademie für die Hebräische Sprache und verfolgte das Ziel, die seit etwa 1700 Jahren kaum mehr aktiv verwendete Sprache der Bibel wiederzubeleben. Auf diesem Wege entstand das **Neuhebräische**, für das sehr gekonnt Neuschöpfungen aus dem Wortgut der Tora kreiert wurden.

❺ Museum of the Irgun Tzvai Leumi und Jabotinsky Institute ★★ [D7]

מוזיאון האצ"ל ומכון ז'בוטינסקי

Dieses Museum beschäftigt sich mit der Entstehungsgeschichte und den Aktivitäten der Untergrundorganisation Irgun Tzvai Leumi, Etzel genannt, die in den ersten Jahrzehnten des 20. Jh. einen erbitterten Kampf für die Entstehung eines jüdischen Staates gegen Briten und Araber führte und im dazugehörigen Jabotinsky Institute kann man sich über das Leben des Oberkommandierenden der Etzel, Ze'ev Jabotinsky, und dessen zionistische Beweggründe informieren.

Wenn auch die Entstehungsgeschichte der Irgun Tzvai Leumi („Nationale Militärorganisation") für Nicht-Israelis zunächst nicht übermäßig interessant erscheint, so finden im **Museum of the Irgun Tzvai Leumi** sicher nicht nur Geschichtsfans wissenswerte Informationen über die Jahre vor der Unabhängigkeitserklärung des **jüdischen Staates** im Jahre 1948. Die **Dauerausstellung** im Unter- und Erdgeschoss des Museums ist didaktisch gut aufbereitet und beinhaltet neben einer Vielzahl an historischen Fotos, Presseartikeln und Landkarten auch viele Gegenstände der ehemaligen Freiheitskämpfer, darunter persönliche Dinge, aber natürlich auch Schusswaffen, Granaten und selbst gebaute Bomben. Als Einführung ins Thema eignet sich der etwa 20-minütige **Film**, der im Untergeschoß auf Anfrage (auf Englisch) gezeigt wird.

Im ersten Stock des Gebäudes befindet sich außerdem das **Jabotinsky Institute**, das sich dem Leben und Schaffen von **Ze'ev Jabotinsky** (1880–1940) widmet. Der aus Odessa stammende Poet und Schriftsteller war sein Leben lang **eingefleischter Zionist** und unermüdlich in seinem Streben, möglichst viele Juden zu überzeugen, die Diaspora zugunsten eines Lebens in **Eretz Israel** (Eretz heißt „Land") aufzugeben. Interessanterweise schien er sehr klar die Geschehnisse des **Holocausts** vorauszusehen und verstand schnell, dass ein rein pazifistischer Weg auf Dauer nicht ausreichen würde, die Juden vor dem international wachsenden **Antisemitismus** zu bewahren. Er plädierte daher als einer der Ersten für eine **Bewaffnung** und wurde Gründer der Jüdischen Legion *(Jewish Bataillon),* die den Briten im Ersten Weltkrieg unterstand. Im Jahr 1937 übernahm er das Oberkommando über die Irgun, die in Folge Attentate auf Araber und Briten verübte.

Auch im Institut warten **zwei informative Filme** auf den Besucher: Der eine beschäftigt sich mit dem Leben Ze'ev Jabotinskys, der andere mit der Israelreise eines von zahlreichen Schiffen mit **illegalen Einwanderern,** die während des Zweiten Weltkriegs unerkannt durch die britische Seeblockade gelangen mussten.

Das Museum of the Irgun Tzvai Leumi und das Jabotinsky Institute (Besuchszeit zusammen ca. 90 Minuten) tragen klar **nationalistische Züge** und viele Erklärungen sind auf Englisch weit kürzer gefasst als ihre hebräischen Entsprechungen, doch das ändert nichts an dem deutlich gezeichneten Bild einer Zeit, in der die Gründung eines jüdischen Staates für die Mehrheit der Weltgemeinschaft nur eine **Utopie** war.

❱ 38 Rehov HaMelekh George V., Haltestelle Beit Jabotinsky/King George, Bus 4, 10, 18, 25, http://en.jabotinsky.org, Tel. 03 5287320 oder 03 5253307, So-Do 8.30–16 Uhr, Eintritt (beide Museen) 20 NIS, ermäßigt 10 NIS

❻ Shuk HaKarmel ★★★ [C8]
שוק הכרמל

Willkommen auf dem Karmel-Markt, Tel Avivs hedonistischem Einkaufsparadies! Ob zum Feilschen oder zum Erkunden der lebendigen und doch entspannten Atmosphäre, man kann dieser Gegend eine gewisse „urbane Exotik" nicht absprechen.

Wer bis jetzt orientalisches Flair vermisst hat, der wird einen Besuch von Tel Avivs größtem und wichtigstem Markt nicht bereuen. Der **Shuk HaKarmel** ist ein quirliges Sammelsurium aus Obst-, Gemüse-, Backwaren-, Fleisch- und Fischgeschäften, die zusammen mit Gewürzständen, Blumenverkäufern und allerlei anderen Läden dicht aneinander ihre Waren feilbieten. Die meisten Geschäfte haben Sonntag bis Donnerstag von 7 bis 18 Uhr und freitags bis 16 Uhr geöffnet, samstags bleibt der Markt geschlossen.

Neben dem **bunten Völkergemisch** fällt speziell das breite Angebot an **typisch israelischen Produkten** auf und somit eignet sich ein Besuch des Marktes durchaus auch für die Suche nach dem ultimativen Mitbringsel. Ob morgens, mittags oder gegen Nachmittag – aber ganz besonders kurz vor Shabbat-Beginn – es ist eine wahre Freude durch die Gassen des Marktes zu wandeln, die fremden Gerüche wahrzunehmen und das bunte Treiben zu studieren. Kurzum: Wer das **echte Tel Aviv** sucht, der darf den Karmel-Markt keinesfalls verpassen.

Und bei Magenknurren? Der Markt bietet auch eine große Auswahl an **Gastronomiebetrieben**, vorrangig mit einfacher, aber dafür 100 % ein-

Aus dem Untergrund gegen das Empire

Nachdem der britische Feldmarschall **Viscount Allenby** am 16. November Jaffa und am 9. Dezember 1917 Jerusalem eroberte und damit nach 400 Jahren das Ende der osmanischen Herrschaft einläutete, sah es für kurze Zeit so aus, als ob die in der Balfour-Deklaration versprochene „nationale Heimstätte für das jüdische Volk in Palästina" unter Schutz des Empire Wahrheit werden sollte und in der Folge kam es zu massiven jüdischen Einwanderungen nach Palästina.

Doch die **arabischen Unruhen** vom April 1920 in der Jerusalemer Altstadt und vom Mai 1921 in Jaffa machten den Juden schnell klar, dass ihre Sicherheit einzig und allein durch die Briten nicht gewährleistet werden konnte. Man gründete deshalb noch im selben Jahr die **HaHaganah** („Die Verteidigung"), die ihre Milizionäre aus dem Jewish Bataillon rekrutierte, das im Ersten Weltkrieg für die Briten gekämpft hatte, und deren Aufgabe in erster Linie der Schutz der jüdischen Siedlungen war. Als die **britische Mandatsmacht** jedoch zunehmend die jüdische Einwanderung blockierte, richteten sich Teile der HaHaganah auch gegen sie.

Aus Unzufriedenheit mit der insgesamt eher moderaten Haltung spalteten sich 1931 die meisten Mitglieder des rechten Flügels der HaHaganah ab und bildeten die **Irgun Tzvai Leumi**, die durch ihre geheimen, meist radikalen Missionen bekannt wurde. Unmittelbar nach der Gründung des Staates Israel wurde die HaHaganah in die israelischen Streitkräfte überführt, die Irgun Tzvai Leumi hingegen wurde – häufig gewaltsam – von dieser entwaffnet.

heimischer Küche. Ein verlässliches Restaurant in Marktnähe ist das **Ha-Mitbachon** (s. S. 66) und man findet ein paar Meter weiter westlich im **Viertel der Jemeniten** (siehe rechts) viele weitere.

Wem das Gewirr auf der nicht mal 500 m langen Marktstraße zu groß ist, der kann in die schmalen Seitengassen westlich der **Rehov Ha-Karmel** ausweichen, denn hier geht es zwar gemütlicher, aber ebenso authentisch zu! Wem hingegen das ganze orientalische Flair fürs Erste reicht, der kann in die ruhige **Rehov Sheinkin** nordöstlich des Marktes einbiegen. Dort finden sich nette Boutiquen, relaxte Cafés und auch so manch lukullisches Highlight.
› Rehov Allenby, Haltestelle Allenby/Bialik, Bus 4, 10, 16, 18, 25

Nahezu parallel zum Karmel-Markt verläuft die Fußgängerzone **Rehov Nachalat Binyamin** [D8/9]. Die Gegend um die Straße ist das **Kurzwaren- und Textilviertel** der Stadt. Normalerweise sind neben einigen **hübschen Gebäuden** – achten sollte man besonders auf die Hausnummern 8 (Degel House), 13 (Levy House) und 16 (Rosenberg House) – die bunten Stoffballen die einzigen „Opfer" für den Fotoapparat, dienstags und freitags zwischen 10 und 17 Uhr wird jedoch die gesamte Gegend zu einer Art **Open-Air-Festival für Kunsthandwerk** (s. S. 82) und **Straßenperformances**. Dann kann man hier an den Ständen entlangbummeln, auf denen nicht nur Souvenirjäger fündig werden dürften. Ob kunstvoll gearbeitete Keramiken, Malerei, Holzspielzeug, Lederwaren oder Schmuck, auf dem Markt findet sich ein reiches Angebot an Schönem, Hochwertigem und v. a. Ausgefallenem, denn die hier meist

Das Viertel der Jemeniten

Westlich des Shuk HaKarmel ❻ erstreckt sich das **Kerem HaTemanim**, das „Viertel der Jemeniten". Ab 1880 verschlug es immer wieder jemenitische Juden („Temanim") ins Gebiet des heutigen Tel Aviv und als es 1947 zu religiös motivierten Pogromen in Aden kam, wurde die Mehrheit von ihnen (etwa 50.000 Menschen) unter dem Decknamen „Operation fliegender Teppich" nach Israel ausgeflogen. In Tel Aviv siedelten sie sich in der Gegend zwischen der Rehov HaKarmel und der Rehov HaKovshim an.

Heute ist es äußerst erholsam, durch die kleinen Gassen mit ihren niedrigen Häuschen zu schlendern. Die Einheimischen lieben Kerem HaTemanim besonders mittags wegen der preiswerten Lokale, die allesamt jüdisch-jemenitische Küche anbieten. Zu den beliebtesten Adressen gehören:

🍴**17** [C8] **Halev HaRachav** €, 10 R. Rabbi Akiba. Wunderbare Fleischspieße und Steaks in einem Lokal mit einfachem Interieur.

🍴**18** [C8] **Melekh HaMarakim** €, 28 R. Yihye Kapah. Spezialisiert auf schmackhafte Suppen und kleine Häppchen.

🍴**19** [C8] **Sisi** €, 30 R. Yihye Kapah. Essen wie bei Oma: Ein Blick in die Töpfe und das Menü steht.

🍴**20** [C8] **Shlomo ve Doron** €, 29 R. Yishkon. Womöglich die besten Hummus-Variationen des Viertels – unbedingt das mit „Ful" (Bohnenpaste) probieren, schlichtweg himmlisch!

🍴**21** [C8] **HaTeymani** €, 27 R. Malan. In diesem Lokal gibt es die volle Spannbreite der jemenitischen Küche.

selbst verkaufenden Hersteller sind in der Regel äußerst talentiert.

Wer nicht in ausgesprochener Shoppinglaune ist, erfreut sich an den Performancekünstlern, Musikern, Masseuren oder Wahrsagern. Wenn man mit Kindern unterwegs ist, bieten auch die immer wieder auftretenden Clowns und Zauberer Ablenkung. Und natürlich muss man auch in der Rehov Nachalat Binyamin nicht lange suchen, um etwas zu Essen zu finden oder in einem **gemütlichen Café** bei einem Getränk ein paar Sonnenstrahlen zu erhaschen.

› Rehov Ahad Ha'am, Haltestelle Migdal Shalom, Bus 4, 16, 18, 25

❼ Tayelet und Tel Aviv Beaches ★★★ [B6]

טיילת וחופים

Keine Frage, die Badestrände gehören definitiv zum Besten, was Tel Aviv zu bieten hat. Ob zum nassen Badespaß, auf ein kühles Getränk zum Sonnenuntergang, zur sportlichen Betätigung oder einfach auf einen entspannten Bummel entlang der Promenade, der etwa 4,5 Kilometer lange Küstenabschnitt zwischen dem Namal ❷ *im Norden und Jaffa im Süden bietet für jeden etwas.*

Zumindest was Spaziergänge angeht, ist die **Promenade Tayelet**, die sich praktisch über die gesamte Küstenlinie vom Namal bis nach Jaffa erstreckt, ein echter Pluspunkt für Tel Aviv. So ziemlich jeder Besucher der Stadt wird sie früher oder später entdecken und sein eigenes **Lieblingsplätzchen** finden. Die Promenade verläuft entlang der **einzelnen Strandabschnitte** und man tut gut daran, bei einer Begehung den Blick vorrangig aufs Meer zu richten, denn jenseits der parallel verlaufenden, viel befahrenen Retsif Herbert Samuel sind die **Betonklötze**, in denen sich viele der namhaften internationalen Hotels befinden, nicht überall ein anmutiger Anblick.

Die Promenade begeistert praktisch rund um die Uhr Spaziergänger, Jogger, Radfahrer und Hundebesitzer gleichermaßen. Noch mehr ist nur an den allmorgendlich gesäuberten und gepflegten **Stränden** los, an denen praktisch überall **Restaurants**, **Snackbars** oder mondäne **Cafés** für das leibliche Wohl sorgen. Die einzelnen Strandabschnitte, die teilweise ein recht unterschiedliches Publikum anlocken, erstrecken sich fast über die ganze Länge der Promenade von Norden bis in etwa dorthin, wo die Hassan-Bek-Moschee ❼ steht. Ab hier führt die Tayelet durch den **Charles Clore Park** (s. S. 84) an der Felsenküste weiter nach Süden, bis man kurz vor Jaffa nochmals einen kleinen Strand erreicht, der bei Surfern recht beliebt ist. Um die Sicherheit von Schwimmern und anderen Wassersportlern kümmert sich übrigens das Personal der **Rettungsschwimmerstationen** und die vorgelagerten Wellenbrecher machen die Strände auch für Kinder weitestgehend ungefährlich, allerdings gibt es teilweise starke Strömungen.

In Tel Aviv zählt der Wassersport aber eher zu den Nebensachen, man geht vor allem an den Strand, um sich zu zeigen, sonnenzubaden (Sonnenliegen und -schirme mietet man an den Automaten bei den Restaurants und gibt den entsprechenden Beleg den Strandwächtern, die einem die gewünschten Dinge bringen), ein bisschen in den Wellen zu plantschen oder ein wenig zu flirten. Kaum bricht der erste Sonnenstrahl durch die Wolkendecke, bevölkern die Tel Avivim

Erlebenswertes im Zentrum

schon ihre Strände, spielen **Matkot**, das israelische Strandtennis, oder man trifft sich zu ausgiebigen **Beachvolleyballturnieren**. Gerade in den Sommermonaten ist es praktisch unmöglich, irgendwo ein **ruhiges Plätzchen** zu finden, und nicht selten mag einem die laute Musik in den Lokalen die Ausruhstimmung etwas vermiesen, doch es ist auf der anderen Seite diese **Lebendigkeit**, die das typische „Tel-Aviv-Flair" ausmacht. Nicht selten finden an der Tayelet auch **Musik-, Folklore-, Tanz- und Theateraufführungen** statt und selbst nach Mitternacht wird hier noch getanzt und geschwommen.

△ *Entspannung pur mitten in der City, wie z. B. hier am Gordon Beach (s. S. 26)*

Sieht man vom **Museum of the I. Z. L.** (s. S. 59) ab, gibt es entlang der Tayelet übrigens keine ausgesprochenen Sehenswürdigkeiten und das hat den Vorteil, dass man seine Zeit ganz ungeniert dem *dolce far niente* opfern und eben Tel Aviv auch mal ein paar Stunden Tel Aviv sein lassen kann.
› Retsif Herbert Samuel, Haltestellen Gordon, Frishman oder Ben-Yehuda Allenby, Bus 10

Beaches

Auf den ersten Blick mögen sich die Strände entlang der Tayelet nicht sonderlich voneinander unterscheiden, doch wer genauer hinschaut, stellt sehr wohl fest, dass jeder einzelne einen ganz eigenen Charakter und folglich auch eine eigene Klientel hat. Im Folgenden sind die Strände von Norden nach Süden aufgelistet:

Wichtig für Schwimmer

Alle Strände werden von Rettungsschwimmern überwacht, die je nach Wasser-, Wind- und Wetterlage Flaggen hissen, die Schwimmer über Gefahren aufklären sollen. Sie haben die folgende Bedeutung:
> **Weiße Flagge:** Keine Gefahr
> **Rote Flagge:** Schwimmen gefährlich
> **Schwarze Flagge:** Schwimmen verboten

Man sollte diese Zeichen unbedingt beachten, denn es gibt heimtückische **Strömungen,** denen auch die besten Schwimmer nicht gewachsen sind.

★**9** [B3] **Mezizim Beach.** Direkt im Süden des Namal ㉔ und v. a. von jungen Leuten belagert. Gerade am Wochenende sehr voll.

★**10** [B3] **Nordau Beach.** Der von einer Holzmauer umgebene Strand der orthodoxen Juden, im Wechsel besuchen ihn Männer (montags, mittwochs und freitags) und Frauen (dienstags, donnerstags und sonntags).

★**11** [B4] **Hilton Beach.** Unterhalb des Hilton Hotels treffen sich viele Homosexuelle, aber auch Surfer und Hundebesitzer, denn der Hilton Beach ist der einzige Strand, an dem die bellenden Zeitgenossen erlaubt sind.

★**12** [B5] **Marina Beach.** Bei Wassersportfanatikern beliebt, im großen Salzwasserpool des Schwimmclubs (geöffnet So. 13.30–21, Di–Do 6–21, Fr 6–19, Sa 7–18 Uhr, Tel. 03 7623300, www.gordon-pool.co.il, Eintritt ab 69 NIS) kommen Bahnenschwimmer auf ihre Kosten.

★**13** [B6] **Gordon, Frishman und Bograshov Beach.** Diese drei Strände gehen ineinander über und gelten als die meist frequentierten der Stadt. Sie sind sowohl bei Einheimischen als auch Touristen beliebt. Wegen der vielen Lokale (z. B. dem La La Land, Tel. 03 5293303), Strandliegen- und Sonnenschirmvermieter sowie der hohen Rettungsschwimmerdichte sind diese Strände auch bei Familien mit Kindern geschätzt.

★**14** [B7] **Trumpeldor, Yerushalayim und Ge'ula Beach.** Diese Strandabschnitte sind ähnlich wie die Gordon und Frishman Beaches, jedoch etwas ruhiger. Besonders unter Teenies populär.

★**15** [B9] **Banana Beach.** Der letzte Abschnitt vor dem Charles Clore Park ist nach der sich hier befindenden Banana Bar benannt und gilt unter jungen Leuten als Partystrand. Im Sommer werden hier des Öfteren Filme gezeigt.

★**16** [B11] **Alma Beach.** Der kleine Strand südlich des Charles Clore Park ist äußerst entspannt. Hier treffen sich verliebte Pärchen und arabische Großfamilien.

MEIN TIPP

Über und unter Wasser!

Wem das Vergnügen, sich ein **Kajak,** ein **Surfbrett** oder gar eine **Jacht** (auch mit Skipper) zu mieten, nicht zu teuer ist, der ist bei diesen Adressen richtig:
> **Danit Yachts,** Marina Tel Aviv, Tel. 052 3400128, www.danit.co.il (auch eine Segelschule)
> **Israel Surf Club,** Banana Beach, Tel. 03 5103439, http://israelsurfclub.co.il
> **Sailor,** Namal Yafo, Tel. 077 2120366, www.sailor.co.il
> **Kayak Truck,** Namal Yafo, Tel. 050 2757076, www.kayaktruck.com

Tauchern seien außerdem folgende Adressen empfohlen:
> **Dugit Diving Center,** 250 R. Ben-Yehuda, Tel. 03 6045034, www.dugit.co.il
> **Israel Diving Federation,** Tel. 09 8866848, www.diving.org.il

Südlich des Zentrums

Am südlichen Zipfel der Rehov Nachalat Binyamin ragt der gewaltige Shalom Meir Tower ❽ in den Himmel und bildet praktisch das „Tor" in die südlichen Stadtteile wie das sanierte und wirklich sehenswerte kleine Viertel Neve Tsedek ⓬ oder das Künstler-Quartier Florentin ⓯ mit seinen Kneipen und Galerien. Wer genug von Asphalt und Zement hat, der findet auf der Sderot Rothschild ❾ die Prise Erholung, die einem zu einem Spaziergang inmitten des Bauhaus-Herzstücks der Weißen Stadt ⓫ fehlen mag. Ausklingen lassen könnte man eine Tour durch Tel Avivs Süden z. B. im alten Bahnhof HaTachana ⓭.

❽ Shalom Meir Tower ★ [D9]
מגדל שלום מאיר

Der 1965 fertiggestellte, rechteckige Shalom Meir Tower ist das **erste Hochhaus** Israels und war über einige Jahre das höchste seiner Art im gesamten Nahen Osten. Mit einer **Gesamthöhe** von 130 m und 34 Etagen gilt das aus 50.000 m³ Beton, 4000 Tonnen Stahl, 35 km Wasserleitungen und 500 km Kabeln bestehende Gebäude bis heute als Inbegriff der Entwicklung Tel Avivs zu einer repräsentativen Großstadt. Und auch wenn der meist nur **Shalom Tower** genannte „Turm" alles andere als eine Augenweide ist, so sind die Tel Avivim doch irgendwie noch ein bisschen stolz auf ihn.

Im Inneren sollte man im westlichen Flügel die **großflächigen Wandmosaike** von Nahum Gutman betrachten. Hier als auch im östlichen Gebäudeteil gibt es eine **Fotoausstellung** zur Geschichte Tel Avivs mit aufschlussreichen „Schnappschüssen" aus der Zeit zwischen den 1920er- und 1960er-Jahren. Im beide Flügel verbindenden Stockwerk darüber findet sich außer ein paar Geschäften und Imbissmöglichkeiten eine nur auf Hebräisch erläuterte kleine **Ausstellung zur Geschichte der Stadt** samt einem etwas angestaubten und nicht mehr ganz aktuellen Miniaturmodell (bei beiden Ausstellungen ist der Eintritt frei). Architekturfans interessieren außerdem vielleicht die **Baupläne** der beiden nie in Angriff genommenen Tel Aviver Megaprojekte Nordia und Kikar HaMedina, die man im Erdgeschoß in Augenschein nehmen kann. Wer sich hingegen einen **Rundblick von oben** erhofft hat, der wird enttäuscht, denn die Aussichtsterrasse ist wegen Besuchermangel seit einigen Jahren geschlossen. Eine Alternative bietet nur das **Azrieli Center** ⓲.

› Rehov Ahad Ha'am, Haltestelle Migdal Shalom, Bus 18, So–Do 8–19 und Fr 8–14 Uhr

❾ Sderot Rothschild ★★★ [D9]
שדרות רוטשילד

Berlin hat Unter den Linden, Paris die Champs-Élysées, Wien die Ringstraße und Tel Aviv die Sderot Rothschild. Der Vergleich mag zwar etwas hinken, doch handelt es sich bei der etwa 1,8 Kilometer langen Flaniermeile um das Beste, was die Stadt beim Thema Prachtstraße zu bieten hat.

Der Edelboulevard beginnt am nördlichen Ende Neve Tsedeks ⓬, verläuft nach Norden bis zum HaBimah National Theatre of Israel (s. S. 76) und stellt durch seinen breiten, von **Bäumen gesäumten Mittelstreifen** mit Fußgänger- und Fahrradwegen ein ideales **Refugium** für Großstadtgeplagte, Schattenhungrige und Sauerstoffjunkies dar. Die Sderot Rothschild ist außerdem nur ein paar Schritte vom Einkaufsviertel der Stadt entfernt und ist dadurch auch für **müde Shopper** der ideale Ort, um ein bisschen durchzuatmen und Kraft zu sammeln. Auf den **Parkbänken** inmitten des idyllischen Grüns scheint der Großstadtstress zumindest für kurze Zeit vergessen.

Ursprünglich wurde die Straße Rehov Ha'am ("Straße des Volkes") genannt, doch später entschloss man sich – nicht zuletzt wegen Forderungen aus der Bevölkerung – sie zu Ehren der **Familie Rothschild** umzubenennen. Die jüdische **Bankiersfamilie**, deren Stammhaus M. A. Rothschild & Söhne in Frankfurt am Main seinen Sitz hatte, zählte ab dem 19. Jahrhundert zu den einflussreichsten **Financiers** der Welt. Es war besonders der aus Frankreich stammende Baron Edmond James de Rothschild (1845–1934), der im großen Stil das **zionistische Projekt** finanzierte und somit als einer der wichtigsten Wegbereiter des jüdischen Staates gilt. Wer in der Stadt etwas auf sich hält, der hat den Namen dieses Boulevards als Adresse auf seiner Visitenkarte stehen, allen anderen mag ein Besuch in einem der hier ansässigen **Restaurants** oder **Cafés** reichen.

Architektonisch ist die Sderot Rothschild vor allem wegen der vielen Gebäude im **Bauhaus-Stil** interessant (siehe auch Weiße Stadt ⓫). Die meisten der Häuser stehen heute unter **Denkmalschutz**. Sehenswert sind außerdem die **Independence Hall** ❿, in der Israels Unabhängigkeitserklärung unterzeichnet wurde, und das 1925 errichtete **Lederberg-Haus** an der Kreuzung mit der Rehov Allenby, das über eine Reihe beachtlicher Keramik-Wandgemälde von Ze'ev Raban verfügt.
› Haltestelle Allenby/Rothschild, Bus 5, 142

❿ Independence Hall ★★ [D9]
היכל העצמאות

Wo, wenn nicht auf dem Grundstück eines der ersten Häuser der Stadt, könnte man sich besser über die Entstehungsgeschichte Tel Avivs informieren? Das Haus Nr. 16 in der Sderot Rothschild ❾ beherbergt die Independence Hall, in der David Ben-Gurion am 14. Mai 1948 die Unabhängigkeit des Staates Israel verlas, und eine Reihe Zeitzeugnisse in Form von Fotos und Zeitungsartikeln.

Etwa an der Stelle, an der später die Unabhängigkeit Israels erklärt werden sollte, kamen am 11. April 1909 66 jüdische Familien zusammen, um inmitten der unwirtlichen Sanddünenlandschaft außerhalb der Stadtmauern von Jaffa **Landparzellen** zu verlosen, auf denen eine neue Wohngegend namens **Achuzat Bayit** erbaut werden sollte. Unter den Anwesenden waren auch der spätere Bürgermeister Tel Avivs, Meir Dizengoff, und seine Frau Tsina, die die Parzelle Nummer 43 „gewannen", die Stelle, an der sich heute das Gebäude mit der Adresse 16 Sderot Rothschild befindet. 1910 entschloss sich der Rat von Ahuzat Bayit, die Siedlung in **Tel Aviv** umzubenennen und zwanzig Jahre später, nach dem Tod Tsinas, schenkte Meir Dizengoff das Haus der Stadtverwaltung, mit der Auflage, darin ein **Museum** zu errichten.

Ursprünglich befand sich hier ab 1936 das Tel-Aviv-Kunstmuseum, doch berühmt ist das Gebäude heute in erster Linie durch die **Unabhängig-**

keitserklärung, die am 14. Mai 1948 in der Museumshalle, heute Independence Hall genannt, verlesen wurde. Neben der fast unveränderten Halle mit dem Rednerpult, über dem das Foto Theodor Herzls, des Begründers der zionistischen Idee, hängt, sind einige interessante Fotos und Zeitungsartikel über den besagten 14. Mai, aber auch über den Folgetag, an dem dem neu gegründeten Staat von zahlreichen arabischen Staaten der Krieg erklärt wurde, zu sehen. Wer möchte, kann sich die Originalrede anhören und auf Nachfrage kann man sich einen Film über die Entstehungsgeschichte der Stadt und des Hauses (auf Englisch) ansehen. Bis 2024 ist die Independence Hall **wegen Umbauten geschlossen**. Die Ausstellung befindet sich bis dahin im Shalom Meir Tower ❽.

› 16 Sderot Rothschild, Haltestelle Migdal Shalom, Bus 5, 142, Tel. 03 5106426 oder 03 5173942, http://eng.ihi.org.il, So–Do 9–16 Uhr, Eintritt 24 NIS, erm. 18 NIS

⓫ Die Weiße Stadt – entlang der Sderot Rothschild ★★★ [E9]

העיר הלבנה

Wer im Umkreis der Sderot Rothschild ❾ *die Augen offenhält, stößt immer wieder auf wunderschöne Beispiele der Bauhaus-Architektur, denn in diesem Teil der Stadt steht ein Großteil dessen, was als Weiße Stadt („Ha'ir HaLevana") bezeichnet wird.*

Die Weiße Stadt ist kein zusammenhängendes Viertel, sondern man meint mit dem Begriff vielmehr eine Sammlung von über 4000 Gebäuden, die überwiegend im **Bauhaus-Stil** errichtet wurden und über die ganze Stadt verteilt sind. Die Architekten dieser Gebäude waren zum größten Teil **deutschstämmige Juden**, die nach der Machtergreifung der Nationalsozialisten aus Deutschland auswanderten und den von **Walter Gropius** entwickelten Baustil, der sich durch einfache Formen und Praktikabilität auszeichnet, in ihre neue Heimat „exportierten".

In den 1920er-Jahren war Tel Aviv eine gerade erst entstandene Siedlung und ihr Bürgermeister Meir Dizengoff war gezwungen, ein Konzept für die schnell **wachsende Stadt** zu entwickeln. Zu diesem Zweck beauftragte er 1925 den schottischen Städteplaner **Patrick Geddes** mit der Ausarbeitung eines Masterplans. Geddes entwarf das Straßennetz und die Anlage von Häuserblöcken, doch ein bestimmter Baustil wurde von ihm nicht festgelegt. Als dann ab den 1930er-Jahren immer mehr Architekten aus Deutschland (meist als Flüchtlinge) ins Land kamen, von denen viele ihre Ausbildung am **Bauhaus Dessau** erhalten hatten, entstanden mehr und mehr Bauten in diesem Stil. Heute stellt Tel Aviv weltweit die **Bauhaus-Metropole** schlechthin dar und wenn auch viele Gebäude mittlerweile baufällig sind, so bemühen sich die Stadtverwaltung und die Hausbesitzer in der letzten Zeit verstärkt, das Gros der Häuser zu sanieren. Seit 2003 gehört die Weiße Stadt zum **UNESCO-Welterbe** und seit 2009 wurden etwa 1000 Gebäude unter **Denkmalschutz** gestellt, auch wenn viele weitere langsam in der salzigen Seeluft verwittern.

Für Architekturliebhaber gehört ein Bummel entlang der **Sderot Rothschild** ❾ zum Pflichtprogramm: Gute Beispiele für Bauhaus-Architektur sind z. B. die Häuser mit den Nummern 85 bis 123 auf der westlichen Straßenseite, aber auch Gebäude

Südlich des Zentrums

in den Seitenstraßen wie der **Rehov HaHashmonaim** (Nr. 55, 58, 59, 60, 62) oder der **Rehov Angel** (auf beiden Straßenseiten). Für ausgiebige Erkundungen auch abgelegener Bauhaus-Gebäude sollte man sich im **Bauhaus Center** (s. S. 106) den Stadtplan „Tel Aviv-Yafo, Preservation Map and Guide" (45/79 NIS) besorgen, in dem sämtliche Gebäude mit Hausnummern eingezeichnet sind. Hier kann man auch einen **Audioguide** leihen und jeden Freitag finden von hier um 10 Uhr geführte **Bauhaus-Stadttouren** statt.

› Sderot Rothschild, Allenby/Rothschild, Bus 5, 142

▷ *Zur grünen Flaniermeile umfunktionierte Bahntrasse: Der Park HaMesila*

⓬ Neve Tsedek ★★★ [C10]
נווה צדק

Tel Aviv gilt als modern und schnelllebig, doch im historischen Zentrum der Stadt scheint vielerorts die Zeit auch stehen geblieben zu sein und so eignet sich das Viertel perfekt dazu, etwas vom Flair des ausgehenden 19. Jahrhunderts zu erhaschen.

Neve Tsedek befindet sich etwa 200 m südwestlich des Shalom Meir Tower ❽ und ist über die teilweise verkehrsberuhigte Rehov Lilienblum oder die Rehov Yehuda Halevi zu erreichen. Das Zentrum des Viertels ist in erster Linie die **Rehov Shalom Shabazi** mit ihren Cafés und Boutiquen. Auf dem Weg hierhin kann man einen Blick in die 1920 errichtete **Hauptsynagoge** der Stadt, **Bet Knesset HaGadol**, werfen. Sie befindet sich an

Der Bauhaus-Stil

Das Bauhaus war eine 1919 von **Walter Gropius** gegründete Kunstschule, die in Weimar durch die Vereinigung der Großherzoglich-Sächsischen Kunstschule mit der 1907 von Henry van de Velde gegründeten Großherzoglich-Sächsischen Kunstgewerbeschule entstand. Im Bezug auf Bauart und Konzeption war es damals etwas völlig Neues, denn hier wurden die Bereiche **Architektur, Design** und **Kunst** miteinander verbunden und nicht wie vorher in die Bereiche der bildenden, der angewandten und der darstellenden Kunst getrennt. Bis heute gilt das Bauhaus als Heimstätte der Avantgarde und der Klassischen Moderne auf allen Gebieten der freien und angewandten Kunst.

Der Erfolgskurs in Deutschland hielt aber nicht lange an: 1925 erfolgte der Umzug der Schule nach Dessau, 1932 dann nach Berlin und bereits 1933 musste sie auf Druck der Nationalsozialisten geschlossen werden, v. a., weil der Stil stark von sozialistischen Idealen geprägt war. Die ursprüngliche **Intention** der Bauhaus-Bewegung war es, die Kunst von der Industrialisierung zu emanzipieren und das Kunsthandwerk wiederzubeleben. Das Bauhaus war somit also als eine Arbeitsgemeinschaft gedacht, in der die Unterscheidung zwischen Künstler und Handwerker aufgehoben werden sollte. Durch ihr Schaffen wollten die Mitarbeiter des Bauhauses gesellschaftliche Unterschiede beseitigen und zum Verständnis zwischen den Völkern beitragen.

Mehr zum Thema Bauhaus in Tel Aviv, auch in Form von Literatur, aber auch Andenken usw., bekommt man im **Bauhaus Center** (s. S. 106).

der Kreuzung der Rehov Ahad Ha'am mit der Rehov Allenby [D9].

Bei Neve Tsedek handelt es sich um ein Viertel, das aus den **ersten jüdischen Siedlungen** der Stadt (d. h. außerhalb Jaffas), die bereits in der zweiten Hälfte des 19. Jh. angelegt wurden, entstand. Es war der aus Algerien stammende **Aharon Chelouche** (1827–1920), der hier Land erwarb und es an andere jüdische Familien weiterverkaufte. Viele Straßennamen des Viertels wie Amzaleg, Rokach oder Stein erinnern an diese Familien, deren Häuser teilweise sogar noch stehen, renoviert und in Touristenattraktionen umfunktioniert wurden, so beispielsweise das **Rokach House**, in dem sich ein Escape-Room mit reichlich Spuk befindet (s. rechts), oder das **Gutman Museum of Art** (s. S. 58), in dem Werke des Malers Nachum Gutman ausgestellt sind.

Die vielen gut erhaltenen **kleinen Gebäude** und **die schmalen Gässchen,** die einen fast dörflichen Eindruck vermitteln, sind für das Viertel charakteristisch. Im Laufe der letzten Jahre hat sich Neve Tsedek außerdem zu einem avantgardistischen Zentrum der Stadt gemausert, mit einer hohen Dichte an **Galerien,** schicken **Boutiquen** und **Läden,** die sich häufig auf Judaica spezialisiert haben sowie einer Vielzahl an trendigen **Cafés** und **Restaurants.** Es ist eine echte Wohltat, sich durch die kleinen Sträßchen treiben zu lassen und danach z. B. auf eine Erfrischung im **Suzanna** (s. S. 67) mit seiner lauschigen Terrasse einzukehren. Hier ganz in der Nähe ist auch noch der tiefe Graben zu erkennen, der östlich der Rehov Chelouche verläuft und ursprünglich die inzwischen demontierte **Eisenbahnlinie** beherbergte, die am HaTachana ⓭ begann. Relativ neu ist der **Park HaMesila,** der entlang dieser ehemaligen Bahnlinie verläuft und von dem man hübsche Blicke auf Neve Tsedek genießt. Das se-

112tv Abb.: dk

(MEIN TIPP)
Haunted House
Seit Langem hält sich das Gerücht, dass es in diesem 1887 erbauten Haus spuken würde. Bei einer von Schauspielern inszenierten Show (60–75 Minuten) kann man im Stil eines Escape-Rooms den Geistern nachspüren (nur auf Englisch und Hebräisch).

📍1 [C10] **Rokach House,** 36 R. Shimon Rokach, Tel. 054 6797940, https://1887.co.il, Reservierung erforderlich, Eintritt 135 NIS

henswerteste Eckchen Neve Tsedeks bildet jedoch der Abschnitt um das **Suzanne Dellal Centre** (s. S. 77) für Tanz und Bühnenkunst. Das Zentrum ist in mehreren stilvoll renovierten Gebäuden der ersten, 1889 gegründeten, ehemaligen Knaben- und Mädchenschule untergebracht und bietet zeitgenössische Ballett-, Modern Dance und Theateraufführungen, ab und an auch in Form von Open-Air-Veranstaltungen auf dem Platz inmitten des Anwesens.

❭ Derech Yafo/Derech Elat, Haltestellen Elat/Shlush, Bus 40 oder Migdal Shalom, Bus 18

⓭ HaTachana ★★ [C11]
התחנה

Tapas und Mode statt rostige Schienen: Dort, wo früher die Züge nach Jerusalem abfuhren, Fracht abgefertigt wurde und Pilger ihre Fahrkarten kauften, finden sich heute schicke Shops, angesagte Boutiquen, gemütliche Cafés und beliebte Restaurants.

Der Bau der **Bahnlinie von Jaffa nach Jerusalem** begann mit dem Verkauf einer entsprechenden Konzession durch die Osmanen an den Geschäftsmann **Yosef Navon** und eine französische Finanzgruppe im Dezember 1889. Das erste Mal befahren wurde die Strecke am 27. August 1892 und ihre Existenz löste in den darauffolgenden Jahren einen **nachhaltigen Entwicklungsschub** für Jaffa aus, denn durch die steigende Einwohnerzahl Jerusalems wurde die dortige Versorgung mit Lebensmitteln immer entscheidender und entsprechend wurde Jaffas Rolle als **bedeutender Hafen** stetig wichtiger. Doch neben der Fracht machten v. a. die **Pilger** in die Heilige Stadt den größten Teil des Umsatzes des Bahnunternehmens aus. Nach dem Ersten Weltkrieg betrieben die Briten die Bahnlinie, bis sie 1948 von der **Israelischen Eisenbahn** übernommen wurde, die den Bahnhof von Jaffa stilllegte, nicht zuletzt wegen der immer besser ausgebauten **Busverbindung.**

Nachdem das Areal über Jahre brach gelegen hatte, begann man ab 2004 mit der **Sanierung** und schuf das stilvolle Anwesen, das so seit 2010 besteht. **HaTachana** – Hebräisch für „die Station" – umfasst **22 Gebäude,** darunter die alte Bahn-

hofshalle, diverse Frachthallen sowie die ehemalige Ziegelfabrik des deutschen Templers Hugo Wieland, der diese hier im Jahre 1900 eröffnete. Heute beherbergen die Gebäude **schmucke Shops** und beliebte Lokale, in denen auch Durst und Magenknurren problemlos „geheilt" werden können, z. B. im angesagten **Vicky Cristina** (s. S. 66).

Neben dem normalen Shop- und Gastronomiebetrieb finden auch zahlreiche **Events** in Form von Handwerks- und Essensmärkten, Livemusik oder Theatervorstellungen statt.

Vor allem Kinder – vielleicht aber auch der eine oder andere Erwachsene – finden sicherlich die zwei **alten Triebwagen** interessant, die im Eingangsbereich des Areals noch auf Schienen stehen und zum obligatorischen Erinnerungsfoto einladen.

› 1 Rehov Yehezkel Koifman, Haltestelle Koifman/Goldman, Bus 10, 18, 100, www.hatachana.co.il, So–Do 10–21, Fr 10–15, Sa 10–22 Uhr (Shops). Die Lokale bleiben meist bis tief in die Nacht geöffnet.

⓮ Hassan-Bek-Moschee ★ [C9]

מסגד חסן בק

Die Hassan-Bek-Moschee – oft auch Hassan-Bey-Moschee genannt – ist eine der bekanntesten Moscheen Israels, nicht zuletzt, weil sie einen Ort vieler Kontroversen im israelisch-arabischen Konflikt darstellt. Bis heute hat sie eine tiefe symbolische und emotionale Bedeutung für die Muslime Jaffas.

‹ *Keine Spur von Stress – im früheren Bahnhof HaTachana geht es heutzutage ganz entspannt zu*

Die Moschee wurde 1916 auf Befehl des türkisch-arabischen Gouverneurs Hassan Bek erbaut und war u. a. als **Symbol** gedacht, um den sich immer weiter nach Süden ausdehnenden **Bautätigkeiten der Zionisten Einhalt zu gebieten.** Die Moschee lag damals in Manshiye, dem seiner Zeit nördlichsten Stadtteil Jaffas, also inmitten einer praktisch rein arabischen Gegend. Ihr **Baustil** mit den perforierten Wänden und den aufwendig verzierten und **bunt verglasten Fenstern** ist einzigartig, zumal hier fast ausschließlich **weißer Kalkstein** verwendet wurde, obwohl in dieser Gegend in der Regel gelbbrauner Kalkstein üblich war. Wunderschön sind auch das **schlanke Minarett** sowie die quadratische Gebetshalle, dennoch wirkt die Moschee heutzutage etwas verloren inmitten der umliegenden hoch modern verglasten Hochhäuser und es ist in der Tat ein Wunder, dass sie noch existiert.

Nach der Eroberung durch die jüdische Irgun Tzvai Leumi (s. S. 21) sollte die Moschee 1948 gesprengt werden, doch der Oberkommandierende und spätere israelische Ministerpräsident Menachem Begin (1913–1992) verhinderte dies im letzten Moment. Auch dem **radikalen Sanierungsplan** der 1960er-Jahre fiel sie im Gegensatz zu den Wohnhäusern Manshiyes nicht zum Opfer, da die städtischen Behörden zögerten, einen **heiligen Ort der Muslime** zu entweihen, was die ohnehin erhitzten Gemüter über die Maßen strapaziert hätte. 1979 kursierten dann Gerüchte, dass das gesamte Areal, auf dem die Moschee steht, an den Immobilien-Tycoon Gershon Peres (Bruder von Shimon Peres, dem langjährigen Präsidenten von Israel) verkauft werden sollte, der darauf ein **Einkaufs-**

zentrum errichten wollte. Dies rief einen Sturm der Proteste von Seiten der Araber, aber auch jüdischer Friedens- und Menschenrechtsgruppen hervor, sodass der Deal letztendlich platzte und die Moschee wieder in die Hände der islamischen Gemeinschaft zurückfiel. Bald darauf stürzte das **Minarett** der Moschee ein und obwohl offiziell von einem „Unfall" die Rede war, geht man davon aus, dass es sich um einen **Sabotageakt** von rechtsextremen Gruppen und/oder Veteranen von 1948 handelte.

Doch damit nicht genug: Am 1. Juni 2001 kam es zu einem **Selbstmordanschlag** der Hamas in der Nähe des Dolphinariums, einem nicht mehr bestehenden Gebäudekomplex gegenüber der Moschee direkt am Banana Beach, der 21 Israelis das Leben kostete. In Folge belagerten bald über Tausend Juden die Moschee und lieferten sich über mehrere Tage eine heftige **Straßenschlacht** mit den Muslimen. Vier Jahre später warfen jüdische Nationalisten dann einen **Schweinekopf** in das Areal der Moschee, auf dem der Name des Propheten Mohammed stand, woraufhin ein Hamas-Sympathisant als **Racheakt** drei orthodoxe Studenten auf ihrem Weg in die Altstadt von Jerusalem niederstach.

Wer die Moschee heute besuchen möchte, sollte dies nur mit **echtem Interesse** tun, denn grundsätzlich ist sie – wie viele islamische Gotteshäuser – nur Gläubigen zum Gebet zugänglich. Doch wer am Eingang (bitte die Schuhe ausziehen) den Kontakt zu den Verantwortlichen sucht, wird mit „offenen Armen" willkommen geheißen.

› Rehov HaKovshim, Halteselle HaNanya/HaYarkon, Bus 10, 18, Sa–Do 9–16 Uhr, Eintritt frei

⑮ Florentin ★★ [D11]
פלורנטין

Man braucht zwar etwas Fantasie, um Tel Avivs hippes Künstlerviertel Florentin mit SoHo oder der Lower East Side in New York zu vergleichen, so wie es die einheimischen Hipster selbst gerne tun, doch man kann dem Gassengewirr zwischen der Rehov Herzl, Yafo und Abarbanel einen gewissen „urbanen Sexappeal" nicht aberkennen.

Die Gründung **Florentins** geht auf die 1920er-Jahre zurück, als die Salonika-Palestine Investment Company – mit dem Vorsitzenden David Florentin – das Land kaufte, um 53.000 griechischen Juden, die aus dem von antisemitischen Pogromen erschütterten **Thessaloniki** nach Palästina flüchten mussten, eine Zukunftsperspektive zu geben. Bis 1933 befand sich hier jedoch nur ein **provisorisches Flüchtlingslager**, da die Baugenehmigungen noch durch osmanische Regelungen stark eingeschränkt waren und das ganze Gebiet durch den Verlauf der **Bahnstrecke** von Jaffa nach Jerusalem ohnedies nur bedingt gestaltbar war.

Erst ab Mitte der 1930er-Jahre bemühte sich die Stadtverwaltung, Florentin auch als **Industriegebiet** und

> **MEIN TIPP**
> **Und plötzlich roch ich Kardamon …**
> Im nördlichen Teil Florentins erstreckt sich in der Rehov Levinski der **Levinski-Gewürzmarkt** (s. S. 83), auf dem eine Vielzahl von Händlern ihre Waren feilbieten. Sehens- und riechenswert! Und wem es an Exotik noch nicht reicht, der findet in den Straßen östlich des Marktes bis zum zentralen Busbahnhof ein afrikanisch geprägtes Multikultiviertel.

Südlich des Zentrums

„echtes" **Wohnviertel** zu erschließen, und in vielen der neu errichteten Wohngebäude befinden sich zusätzlich kleine Fabriken und Werkstätten. Es folgten viele weitere Flüchtlingswellen, doch generell sollte sich in den nächsten Jahrzehnten wenig in dem **verschlafenen Viertel** ändern, bis die Stadtverwaltung sich Ende der 1990er-Jahre dazu entschloss, hier im großen Stil zu sanieren. Schnell siedelten sich immer mehr **Künstler** an und verwandelten Florentin zum Lieblingsstadtteil der **jungen Bohemiens**.

Seitdem haben sich die **Immobilienpreise** vervielfacht und das noch dramatischer als im ohnedies atemberaubenden Maße im Rest der Stadt. Die Bevölkerung des Viertels hat sich im gleichen Zeitraum nahezu verdoppelt. Heutzutage stellen die Rehov Yitzhak Yedidia Frenkel [D11] und die Rehov Vital [D11] das Zentrum des hippen Nightlife-Geschehens mitsamt Bars und Clubs dar, während in der Rehov Florentin auch viele Restaurants und Geschäfte angesiedelt sind. Ruhiger geht es in den kleineren Sträßchen wie Cordovero oder Uriel Akosta zu, aber auch dort sind hübsche Cafés und coole Klamottenläden zu finden. Weitestgehend unverändert – zumindest was das Geschäftsleben angeht – sind die Rehov Wolfson, in der v. a. Werkstätten angesiedelt sind, sowie die Derech Yafo, in der in erster Linie Textilgroßhändler ihre Läden haben. Die auf den ersten Blick unattraktivste Straße des Viertels ist sicherlich die **Rehov Abarbanel** [D11] mit ihren Schreinereien und Schmiedebetrieben, doch gerade hier, inmitten der Kleinfabriken, verbergen sich alternative **Underground-Clubs** wie die Hoodna Bar (siehe links) und **unkonventionelle Kneipen**, die als Gegengewicht zur Mainstream-Nightlife-Szene fungieren.

› Rehov Ha'aliyah, Haltestelle Ha'aliyah/Florentin, Bus 25

16 American Colony und Noga ★ [C11]
המושבה האמריקאית ונוגה

Jenseits der Sderot Yerushalayim und südlich von HaTachana 13 liegen zwei kleine, aber in den letzten Jahren **sehr in Mode** gekommene Stadtviertel. Im Norden handelt es sich um die **American Colony**, deren Name auf 35 christliche Familien aus Jonesport, im US-amerikanischen Bundesstaat Maine zurückgeht, die 1866 ihre Heimat verließen und mit Sack und Pack ins Heilige Land reisten und hier eine Siedlung mit typisch amerikanischen **Holzhäusern** errichteten. Zwar verkauften sie bereits einige Jahrzehnte später die „Kolonie" an die **deutsche Tempelgesellschaft**, doch bis heute stehen hier in der Rehov Bar Hofman die kleine, aber sehenswerte **Beit-Immanuel-Kirche**, in der häufig **Orgelkonzerte** stattfinden, sowie mehrere niedrige, originalgetreu nachgebildete Holzhäuser, von denen sich in einem das **Maine Friendship House** mit einem Museum zur Geschichte der christlichen Siedler befindet.

Südlich der American Colony erstreckt sich das bei Künstlern und Designern beliebte Viertel **Noga** mit seiner osmanischen Bausubstanz.

MEIN TIPP

Immer wieder gut!

Das vielleicht bekannteste Lokal in Florentin ist die unkonventionelle Hoodna Bar, in der regelmäßig Konzerte lokaler Bands stattfinden.

❷ 2 [D11] **Hoodna Bar,** 13 Rehov Abarbanel, Tel. 03 5184558, Do, So 18–3, Fr, Sa 13–3 Uhr

Nördlich des Zentrums

Die „natürliche" Grenze des sehenswerten Tel Aviv liegt am gewaltigen Ayalon-Highway, der eine Art Nord-Süd-Achse am Rande der Stadt darstellt. Wer der Rehov Meir Dizengoff ❷ nach Osten folgt, kommt an dem großen Areal vorbei, an dem sich das HaBimah National Theatre of Israel (s. S. 76), das Charles R. Bronfman Auditorium (s. S. 77) und auch der Helena Rubinstein Pavilion (s. S. 58) befinden. Von hier ist es nur noch ein Steinwurf bis zur historischen Templersiedlung Sarona ⓱ und dem Azrieli Center ⓲ mit seiner atemberaubenden Aussichtsterrasse im 49. Stockwerk. Nördlich davon befindet sich das Tel Aviv Performing Arts Center, das die ruhmreiche Israelische Staatsoper (The Israeli Opera, s. S. 77), The Cameri Theatre (s. S. 76) und das Tel Aviv Museum of Art ⓳ umfasst. Speziell für hungrige Besucher ist die nahegelegene Rehov Ibn Gabirol ㉑ mit ihren Restaurants ein echtes Schlaraffenland und am Kikar Yitzhak Rabin ⓴ laden Parkbänke zur Verschnaufpause ein. Über die Sderot Ben-Gurion ㉒ gelangt man wieder in Richtung Meer und sollte es dabei auf keinen Fall verpassen, dem ehemaligen Wohnhaus David Ben-Gurions ㉓, Israels erstem Premierminister, einen Besuch abzustatten. Von hier hat man es nicht mehr weit zum Namal ㉔ genannten Hafen, auch wenn das Areal heute so gar nichts mehr mit dem zu tun hat, was man weitestgehend mit einem Hafen verbindet.

Noga ist speziell durch die Rehov Eilat mit ihren Galerien, Möbel- und Autowerkstätten und die Sderot Yerushalayim mit dem **Gesher Theatre** (s. S. 76) sowie den umliegenden kleinen Gässchen wie die **Rehov Tirza** mit ihren Bars und Restaurants jeglicher Couleur geprägt. Überquert man die Derech Shalma nach Süden, gelangt man in den unattraktiveren Teil des Viertels, der gerade in den letzten Jahren eine rege Bautätigkeit aufwies und sich heute in einem neuen sandsteinfarbenen Outfit präsentiert. In der ganzen Stadt berühmt ist dieser Teil Jaffas auch dadurch, dass sich hier das 29.400 Sitzplätze fassende **Bloomfield Stadium** (R. She'erit Yisrael) befindet, in dem die lokalen **Fußballteams** Hapoel Tel Aviv, Maccabi Tel Aviv und Bnei Yehuda Tel Aviv beheimatet sind.

> Rehov Eilat, Haltestelle Avni Institute/ Elat, Bus 40

★3 [C11] **Beit-Immanuel-Kirche**,
15 R. Bar Hofman, Di.–Fr. 10–14 Uhr, www.immanuelchurch-jaffa.com

★4 [C11] **Maine Friendship House und Museum**, Rehov Bar Hofman, www.jaffacolony.com, Öffnungszeiten Museum: Fr 12–15, Sa 14–16 Uhr und nach telefonischer Vereinbarung (Tel. 03 6819225), Eintritt frei

◁ Wie aus einer vergangenen Zeit: In der American Colony geht es ausgesprochen entspannt zu

Nördlich des Zentrums 37

 Sarona ★★ [F6]

שרונה

Folgt man der Rehov Meir Dizengoff ❷ und dann ihrer Verlängerung, der Rehov Kaplan, befindet sich rechter Hand inmitten eines erholsamen Parks die Siedlung Sarona, die deutsche Templer 1871 gründeten und in deren mittlerweile unter Denkmalschutz stehenden Häuschen später die ersten israelischen Regierungsgebäude unterkamen.

Bei Sarona handelt es sich in erster Linie um einen anmutigen, öffentlich zugänglichen **Park** mit hohen Eukalyptus-, Ficus- und Weidebäumen, zwischen denen **37 zweistöckige Häuser** stehen, die so gar nicht in das sonst durch verglaste Wolkenkratzer und uncharmante Betonklötze charakterisierte Gebiet unmittelbar am Ayalon-Highway passen. Ab 1871 gab es hier eine **landwirtschaftliche Siedlung** der **deutschen Templergesellschaft**, einer pietistischen Gruppe aus Württemberg, deren Mitglieder es als ihre göttliche Aufgabe sahen, im Heiligen Land zu siedeln. Sie wählten explizit diesen Ort für den Bau ihrer Siedlung, da er sich an **drei Straßen** befand, die Jaffa mit anderen Orten Palästinas verband und somit prädestiniert für den Handel war. Die Templer waren gut ausgebildete **Landwirte** und nutzten die neusten **technischen Errungenschaften** ihrer Zeit, weshalb sie massiv dazu beitrugen, diese bis dato kärgliche Provinz des Osmanischen Reiches zu entwickeln. Nach dem Ersten Weltkrieg mussten sie dann die Siedlung auf Druck der Briten als **feindliche Ausländer** verlassen, durften jedoch bereits wenig später zurückkehren.

Doch die Ideologie der **Nationalsozialisten** machte auch vor ihnen nicht halt, nicht zuletzt weil viele von ihnen zurück ins Deutsche Reich gingen, um dort ihre agronomische Ausbildung zu bekommen. Kurz nach Hitlers Regierungsbildung im Jahr 1933 wurde hier eine NSDAP-Ortsgruppe gegründet und Hakenkreuzfahnen wehten in der Siedlung. Spätestens 1938 besaß jeder dritte Templer ein Parteibuch der NSDAP, weshalb die Siedlung mit Ausbruch des Krieges erneut von den Briten geräumt wurde und um 1948 in den Besitz des Staates Israel überging. Einige Jahre lang hat die Stadtverwaltung **enorme Anstrengungen** unternommen, um das gesamte Areal zu renovieren. So hat man u. a. fünf Häuser, die auf der anderen Straßenseite auf dem Gelände des jetzigen Verteidigungsministeriums standen, mit ungeheurem finanziellen und technischen Aufwand versetzt.

Mittlerweile präsentiert sich Sarona als eine Art **Vergnügungsviertel**, in dem die renovierten Häuser – in einem befindet sich noch eine mit Öl betriebene Olivenpresse – als Kulisse für Restaurants, Cafés, Shops und Boutiquen dienen. Besonders beliebt ist das großzügig angelegte Areal bei Familien mit Kindern. Von den Lokalen ist insbesondere das Claro (s. S. 65) für einen Brunch empfehlenswert und im Hochhauskomplex daneben befindet sich im Erdgeschoss der überdach-

Orientalisches Geschmackserlebnis!

Einen Steinwurf von Sarona entfernt werden bei Buza ausgefallene Eissorten kredenzt, u. a. mit orientalischen Geschmacksnoten von Zimt, Kardamom oder diversen Nüssen.

◯5 [F7] **Buza**, 91 R. HaHashmonaim, Tel. 03 5465295, www.buzaisrael. co.il, tägl. 12–23.45 Uhr

te **Sarona Market** (s. S. 82), wo auf 8700 m² allerlei Lokale, Imbissstände und Shops für das leibliche Wohl sorgen. Die südlich des Sarona Marktes verlaufende Rehov HaArba'a und die parallele Rehov HaHashmonaim sind für ihre Nightlifescene bekannt. Auf dem zwischen den beiden Straßen liegenden Kikar Givon findet jeden Freitag (8–16 Uhr) ein **Antik- und Trödelmarkt** statt.

Wer nach einem Besuch shoppen möchte, sollte sich in das nahe gelegenen **Azrieli Center** ❶❽ aufmachen.

❯ Rehov Kaplan, Haltestelle Sarona, Bus 1, 40. Infos zu geführten Touren gibt es über die Touristeninformation (s. S. 106), Tel. 03 5166188.

❶❽ Azrieli Center ★★ [G6]
מרכז עזריאלי

Von beinah überall sieht man die drei weißen Hochhäuser – ein rundes, ein vier- und ein dreieckiges – die gemeinsam das riesige Azrieli Center bilden. Von der öffentlichen Aussichtsplattform in 187 m Höhe genießt man Tel Aviv aus der Vogelperspektive wie sonst nirgends – zumindest ohne Sondergenehmigung, denn für alle anderen Wolkenkratzer benötigt man eine Zugangsberechtigung.

Das zwischen 1996 und 1999 erbaute Azrieli Center ist nach dem Azrieli Sarona Tower das zweithöchste Gebäude in Tel Aviv und nach dem Moshe Aviv Tower in Ramat Gan das dritthöchste in Israel. Es besteht aus **drei weißen Türmen,** von denen der runde am höchsten ist. Er hat 49 Etagen, von denen jede 1520 m² umfasst und 84 Fenster hat – d. h. insgesamt gibt es mehr als 4000 Fenster.

Neben der Azrieli-Shoppingmall (s. S. 78) auf den ersten drei Stockwerken, in der sich hochwertige Shops, ein Multiplex-Kino-Center und zahlreiche Restaurants sowie Imbissstände befinden, ist das Azrieli Center aber v. a. wegen der **öffentlich zugänglichen Aussichtsterrasse** im obersten Stockwerk im höchsten Gebäude sehenswert. Wenn man auch das exklusive **Restaurant 2C** (Tel. 03 6081990, http://2-c.co.il) besucht – das Essen ist hier zwar kostspielig, es gibt aber auch eine nette Bar –, hat man einen **360°-Blick** über Tel Aviv und die angrenzenden Städte wie Ramat Aviv oder Ramat Gan und bei klaren Sichtverhältnissen sieht man sogar bis ins entfernte Herzliya. Man erreicht die Aussichtsetage (kostenpflichtig) mit dem „Turbo"-Aufzug vom dritten Stockwerk der Shoppingmall.

Übrigens: Da man hinter Glas steht, bleibt die Aussichtsetage auch

◁ *Architektonisch spannend: die drei unterschiedlichen Türme des Azrieli Centers*

bei schlechtem Wetter oder starken Windverhältnissen geöffnet und am schönsten ist der Ausblick wohl im Winter kurz vor **Sonnenuntergang** – dann sind nämlich die Sichtverhältnisse besser als im trüb-dunstigen Sommer. Vom Azrieli Center hat man direkten Zugang zum HaShalom-Bahnhof, von dem Züge u. a. zum Ben-Gurion International Airport fahren.

❯ 132 Derech Menachem Begin, Haltestelle Azrieli Mall, Bus 1, 40, Tel. 03 6081179, Aussichtsetage: So–Do 4.20–22.30 Uhr, Eintritt ab 25 NIS, Öffnungszeiten der Shoppingmall: So–Do 10–22, Fr 10–16, Sa 20–24 Uhr

⓳ Tel Aviv Museum of Art ★★★ [F5]

מוזיאון תל־אביב לאמנות

Das Tel Aviv Museum of Art kann getrost als eines der Highlights unter den Ausstellungshäusern der Stadt genannt werden und das nicht nur wegen seiner einmaligen Sammlung klassischer und zeitgenössischer Kunst, sondern auch wegen seiner außergewöhnlichen Architektur.

Das Museum wurde 1932 im Haus des ersten Bürgermeisters von Tel Aviv, Meir Dizengoff, gegründet, also dort, wo sich heute die Independence Hall ⓾ befindet. 1971 zog es dann an seinen jetzigen Standort in der Sderot Sha'ul HaMelekh. **Architektonisch** sorgte das aus mehreren kalkfarbenen, quaderförmigen Pavillons bestehende Gebäude von Anfang an für Aufsehen, aber auch die hier befindlichen **Ausstellungsstücke** sind von Weltklasse. Den Grundstock bildet die im Jahr 1950 gestiftete **Peggy-Guggenheim-Sammlung**, die 36 Werke von abstrakten Künstlern wie Jackson Pollock, William Baziotes und Richard Pousette-Dart, aber auch surrealistische Werke von Yves Tanguy, Roberto Matta und André Masson umfasst. Hinzukommen Bilder führender Künstler der **modernen Kunst** der ersten Hälfte des 20. Jahrhunderts: Fauvismus, deutscher Expressionismus, Kubismus, Futurismus, russischer Konstruktivismus, De-Stijl-Bewegung und Surrealismus sind vertreten. Außerdem ist **französische Kunst** von den Impressionisten und Post-Impressionisten der Pariser Schule zu sehen, darunter Werke von Chaim Soutine, Gauguin, Matisse, aber auch weitere beeindruckende Werke von Pablo Picasso und Joan Miró sowie Vincent Van Goghs „Die Schäferin" (1888). Die Sammlung enthält auch einige Glanzstücke des österreichischen Künstlers Gustav Klimt sowie des russischen Meisters Wassily Kandinsky. In der Eingangshalle sollte man nicht das riesige Wandgemälde vom Pop-Art-Künstler **Roy Lichtenstein** übersehen, das er im Jahr 1989 extra für das Museum schuf.

Neben diesen permanenten Exponaten finden sich im Herta-und-Paul-Amir-Seitenflügel **zeitlich begrenzte Neuzugänge** oder **Leihgaben,** außerdem gibt es zahlreiche **Skulpturen,** die man vor dem Museum und in einem Skulpturengarten besichtigen kann. Zum Tel Aviv Museum of Art gehört auch der **Helena Rubinstein Pavilion for Contemporary Art** (s. S. 58), in dem regelmäßig wechselnde Ausstellungen moderner in- und ausländischer Künstler stattfinden.

❯ 27 Sderot Sha'ul HaMelekh, Haltestelle Sha'ul HaMelekh, Bus 142, Tel. 03 6077020, www.tamuseum.org.il, Mo, Mi, Sa 10–18, Di u. Do 10–21, Fr 10–14 Uhr, Eintritt 50 NIS, ermäßigt 40 NIS. Für einen Besuch sollte man insgesamt ca. zwei Stunden einplanen.

⑳ Kikar Yitzhak Rabin ★ [E5]
כיכר יצחק רבין

Der Kikar Yitzhak Rabin ist sicher nicht der schönste Platz Tel Avivs, daran hat sich auch nach mehrfacher Umgestaltung nicht viel geändert, aber direkt dort, wo die Sderot Ben-Gurion ㉒ und Rehov Ibn Gabirol ㉑ zusammentreffen, führt **verkehrstechnisch** kaum ein Weg vorbei. Der Platz wird auf der nördlichen Seite von der unschönen Fassade der kastenförmigen **City Hall**, dem modernen Rathaus der Stadt, flankiert. Bei dem Gebäude handelt es sich um eines der liebsten Streitthemen der Tel Avivim, denn der in der 1960er-Jahren von Menachem Cohen errichtete Bau galt über viele Jahre als Inbegriff der Moderne, doch heute ringt er um einen der ersten Plätze unter den unansehnlichsten Bauten der Stadt. Die einen sagen, dies müsse sich ändern und möchten, dass die City Hall ein **neues Outfit** – möglichst passend zu den umliegenden verglasten Hochhäusern – erhält, die anderen meinen, dass das Gebäude eine typisch Tel Aviver Geschichte zu „erzählen" hat und deshalb nicht verändert werden darf. Als Besucher reicht es, wenn man sich auf den von Palmen gesäumten Platz vor dem Rathaus beschränkt. Hier befindet sich das **Holocaust- und Widerstandsmonument** von Yigal Tomarkin, bei dem ein Dreieck und eine kopfüber stehende Pyramide von oben gesehen den Davidsstern bilden.

Am **Unabhängigkeitstag** und zum israelischen Karneval, dem **Purim-Fest**, wird auf dem Platz und in den umliegenden Straßen heftig gefeiert und seit den 1980er-Jahren finden auf dem Kikar Yitzhak Rabin auch **politische Kundgebungen** und **Demonstrationen** statt, so z. B. im September 1982, als etwa 400.000 Menschen gegen Israels Rolle bei den Massakern von Sabra und Shatila im Libanon protestierten. Die meisten Israelis verbinden mit ihm aber bis heute die Ereignisse des **4. November 1995**. Auf dem damals noch Kikar Malchey Israel („Platz der Könige Israels") genannten Platz fand am Abend eine große Friedenskundgebung unter dem Motto „Ja zum Frieden, Nein zur Gewalt" statt, auf der der damalige Premierminister **Yitzhak Rabin** (1922–1995) eine ergreifende Rede hielt. Nachdem er die Bühne verlassen hatte, wurde er auf dem Weg zu seinem Auto von dem jüdischen Fundamentalisten und Rechtsextremisten **Yigal Amir** auf dem Bürgersteig der Rehov Ibn Gabirol, nahe der östlichen Seitentreppe des Rathauses, erschossen. Ein **kleiner Steingarten** erinnert an die Stelle des tragischen Geschehens, das bis heute als eines der dramatischsten Ereignisse des modernen Israel gilt. Yitzhak Rabin hatte gemeinsam mit seinem Außenminister, Shimon Peres, und dem damaligen Chef der Palästinensischen Autonomiebehörde, Yassir Arafat (1929–2004), ein Jahr zuvor den **Friedensnobelpreis** erhalten, und war somit ein Symbol für eine bessere Zukunft. Nach seiner Ermordung änderte sich viel in der öffentlichen Wahrnehmung und die **Friedensbewegung** hatte einen regen Zulauf, so wurde z. B. der Sänger **Aviv Geffen** zu einem ihrer wichtigsten Aktivisten. Geffen, der für viele junge Israelis ein Idol und ein Hoffnungsträger für ein neues, pazifistisches Israel ist, stand an besagtem Abend ebenfalls auf der Bühne und bezeichnet den Augenblick des Attentats als dramatischsten Moment seines Lebens. Er hat seine Erlebnisse in dem Song „livkot lecha" („Für dich zu weinen") verarbeitet.

Wer auf dem Kikar Yitzhak Rabin einen Moment rasten möchte, der kann dies auf den zahlreichen **Sitzbänken** tun. Alternativ lässt sich in der Gan Ha'ir Mall (s. S. 78) shoppen oder man geht auf einen Kaffee in den nahe gelegenen Buchladen **Bookworm** (s. S. 80).

› Kikar Yitzhak Rabin, Haltestelle Kikar Yitzhak Rabin, Bus 10, 18, 25

㉑ Rehov Ibn Gabirol ★★ [E6]
רחוב אבן גבירול

Stärkung gefällig? Hier ist man dafür goldrichtig, denn was das Angebot an Brasserien, Restaurants, Imbiss- und Delikatessläden angeht, kann es keine andere Gegend der Stadt mit der mehr als drei Kilometer langen Rehov Ibn Gabirol aufnehmen. Tel Avivs **kulinarische Hauptschlagader** ist nicht nur bei den Angestellten der umliegenden Banken und Büros beliebt, die sich hier zur Mittagspause ein Stelldichein geben, sondern auch bei Touristen, erholungsbedürftigen Shoppern sowie Musik- und Theaterbesuchern – der Straßenzug beginnt etwas südlich des **HaBimah Theatre** (s. S. 76) bzw. des **Charles R. Bronfman Auditorium** (s. S. 77).

Benannt ist die Straße nach dem aus Málaga stammenden Philosophen und Dichter **Solomon Ben-Yehuda Ibn Gabirol** (1021–1057), der zu seiner Zeit in jüdischen Kreisen besonders wegen seiner großteils von einer pessimistischen Stimmung geprägten **hebräischen Lyrik** in arabischen Versmaßen beliebt war. Seine Philosophie eines **neuplatonischen Weltbilds** fand hingegen v. a. in der christlichen Welt Beachtung und prägte ab dem 12. Jahrhundert ganz entscheidend die Strömung in der Scholastik. Ob er aber auch ein Gourmet war, bleibt ein Geheimnis. Falls ja, so wäre die nach ihm benannte Straße sicher seine Lieblingschaussee in Tel Aviv geworden. Man muss meist nur wenige Meter zurücklegen, um vom einen ins andere **Restaurant**

◁ *Nein, als schön kann man sie wirklich nicht bezeichnen: die City Hall auf dem Kikar Yitzhak Rabin* ⓴

zu „stolpern" und nicht wenige der hier ansässigen Gastronomiebetriebe zählen zu den besten der Stadt. Doch auch diejenigen, die nicht vom Hunger geplagt sind, werden sich auf der Rehov Ibn Gabirol wohlfühlen, handelt es sich doch um eine angenehm zu begehende **Flaniermeile**, die sich vom Kikar Yitzhak Rabin ⓴ bis zum Yarkon Park (s. S. 85) erstreckt und sich auch jenseits des Yarkon-Flusses, also schon in Ramat Aviv, fortsetzt. Neben **zahlreichen Shops und Boutiquen** laden auch diverse **Cafés** zum Rasten ein.
❯ Haltestelle Ibn Gabirol, Bus 25

㉒ Sderot Ben-Gurion ★★ [C5]

שדרות בן-גוריון

Egal, ob man vom Einkaufsbummel auf der Rehov Meir Dizengoff ❷ kommt oder von einem Spaziergang entlang der Tayelet-Strandpromenade ❼, die etwa 900 m lange Sderot Ben-Gurion, die sich durch eine **exklusive Wohngegend** zieht, bietet durch ihre Lage zwischen dem Kikar Yitzhak Rabin ⓴ und dem erhöht über dem Strand liegenden Kikar Atarim einen guten Ort für eine Verschnaufpause.

Auf den **Parkbänken** inmitten des idyllischen Grünstreifens – dieser wurde sehr **userfriendly** in der Mitte der schmucken Prachtstraße angelegt – scheint der Großstadtstress fernab und das trotz des Verkehrs auf der nahe gelegenen Revov Ben-Yehuda und der Rehov Meir Dizengoff. Der alte, **Schatten spendende Baumbestand** dämpft den Lärm ab. Auch für **Hundefreunde** ist ein Besuch lohnenswert, denn die „Felltierdichte" ist hier deutlich höher als an den meisten anderen Orten der Stadt.

Wirklich einmalig ist aber die Tatsache, dass sich an praktisch jeder Kreuzung mit einer Querstraße **kleine Büdchen** (Butke) finden, in denen man Getränke sowie kleine Snacks bekommt. Kein Wunder also, wenn der nur kurz **angelegte Boxenstopp** dann doch ein bisschen länger dauert, doch sollte das Pausieren nicht komplett zu Lasten eines Besuchs des wirklich bemerkenswerten **Ben-Gurion House** ㉓ gehen.
❯ Haltestelle Sderot Ben-Gurion, Bus 10

㉓ Ben-Gurion House ★★ [C5]

בית בן-גוריון

Es ist immer wieder beachtlich, wie groß die Präsenz des kleinen Staates Israel im großen Weltgeschehen ist und das Haus des ersten Premierministers und eines der Gründer der sozialdemokratischen Arbeitspartei des Landes, **David Ben-Gurion** (1886–1973), ist hierfür ein gutes Beispiel. Das unscheinbare Häuschen inmitten der urbanen Hektik war über viele Jahre die **private Residenz** von David Ben-Gurion und seiner Familie. Interessant ist, dass das hiesige Viertel zu Zeiten Ben-Gurions ein **Arbeiterviertel** war, dessen Gründung auf den Jüdischen Nationalfonds (auf Hebräisch Keren Kayemet Le'Israel genannt) zurückgeht.

Es war gerade seine Bodenständigkeit und die Tatsache, dass er ein Mann des einfachen Volkes war, wegen der der aus Polen stammende David Ben-Gurion sowohl im In- als auch im Ausland **große Sympathien** genoss. Davon zeugen sowohl die zahlreichen Fotografien im Erdgeschoss, auf denen man Ben-Gurion mit internationalen Gästen sieht, als auch die Briefe von Kennedy, Churchill und anderen politischen Größen.

Das **Museum** ist auch gerade dadurch interessant, das es so wirkt, als hätte der Hausherr es gerade gestern erst verlassen. So kann man das **Wohnzimmer**, das kleine **Schlafzimmer**, in dem er seine letzten Tage verbrachte, bevor er ins Krankenhaus kam, oder die **Küche** besichtigen und viele Erinnerungsstücke sind einfach so geblieben, wie der berühmte Staatsmann sie hinterlassen hat.

Aufschlussreich ist vor allem der **erste Stock**, wo man einen Einblick in die private Welt des Mannes bekommt, der in der ganzen Welt als der Vater des Staates Israel bekannt wurde. Diese Etage beherbergt ein weiteres Schlafzimmer und auch die eindrucksvolle **private Bibliothek**, die eine Sammlung von 20.000 Büchern und Zeitschriften umfasst, darunter Werke auf Altgriechisch, Deutsch, Englisch, Französisch, Hebräisch, Latein, Russisch, Spanisch und Türkisch. Schwer vorzustellen, doch von hier aus wurde ganz **große Politik** geschrieben oder wie David Ben-Gurion es so treffend formulierte: „Wer nicht an Wunder glaubt, ist kein Realist."

› 17 Sderot Ben-Gurion, Haltestelle Sderot Ben-Gurion, Bus 4, 10, Tel. 03 5221010 oder 03 5224925, So, Di–Do 9–16, Mo 9–19, Fr 9–13, Sa 11–15 Uhr, Eintritt frei, Besuchszeit etwa eine halbe Stunde, einziges Manko: viele Ausstellungsstücke werden nur auf Hebräisch erklärt

㉔ Namal Tel Aviv ★★★ [B2]

נמל תל-אביב

Obst und Gemüse einkaufen, wo einst Frachtschiffe anlegten? In coolen Kneipen sonnenbaden und relaxen, wo sich früher Container stapelten? Der ehemalige Hafen Tel Avivs ist heute eines der beliebtesten Shopping- und Vergnügungsviertel der Stadt.

Nach den antijüdischen Ausschreitungen in Jaffa während der 1920er-Jahre entstand schnell der Bedarf nach einem eigenen **Hafen für Tel Aviv**, doch es sollte noch bis 1938 dauern, bis dieser endlich eröffnet wurde. Sein Erfolg war jedoch mäßig und er bestand nur bis 1965, als man sich dazu entschloss, Ashdod als Hauptumschlagplatz für den maritimen Handel auszubauen und somit die Häfen in Tel Aviv und Jaffa zu schließen. In den folgenden Jahrzehnten war das Hafenareal mit seinen **gewaltigen Lagerhallen** nichts weiter als ein heruntergekommenes

⌂ *Im Namal ist praktisch rund um die Uhr Action angesagt*

Viertel, in dem vorwiegend Baumaterial gelagert wurde. Es war dabei alles andere als ein repräsentatives Fleckchen und für die meisten Stadtbewohner ein Dorn im Auge. Im Jahr 2011 entschied sich die Stadtverwaltung dann aber, den Hafen umweltgerecht zu sanieren und zu einem **boomenden Freizeitviertel** – ähnlich wie es sie in anderen Städten am Mittelmeer oder in Nordamerika gibt – zu entwickeln.

Es mag an der gekonnten Umsetzung des Projekts, aber auch an der Begeisterungsfähigkeit der Tel Avivim für das Neue liegen, dass sich der Namal in kürzester Zeit zu einem echten „landmark" der Stadt entwickelt hat! Wer den Yarkon-Fluss von Norden her überquert und das unansehnliche Kraftwerk hinter sich lässt, erreicht sogleich das ehemalige Hafenareal, auf dem eine etwa 20.000 m² umfassende **Holzplankenpromenade** entlang der Felsenküste nach Süden führt. Sie erfreut sich nicht nur bei verliebten Pärchen, fotowütigen Touristen und ambitionierten Skateboardfahrern größter Beliebtheit, sondern wegen des riesigen Sandkastens und der umliegenden Hügellandschaft auch bei den Kids.

Die 27 alten Lagerhallen – Hangars genannt – beherbergen mittlerweile **Restaurants und Kneipen, Beautycenter, Flagshipstores großer Sportswearketten und hippe Boutiquen.** Im zentralen Teil des Hafens gibt es sogar einen kleinen, aber **feinen Markt** (Shuk HaNamal, s. S. 82). Hier erstreckt sich auch das alte Hafenbecken mit dem verrosteten Ladekran, an dem jeden Freitag ein netter **Bauernmarkt** abgehalten wird. Wandert man weiter nach Süden, erreicht man schnell den Strandabschnitt nördlich des Hilton Hotels, wo die **Tayelet** ❼ genannte Strandpromenade beginnt. Doch der Namal ist nicht nur tagsüber und bei Sonnenschein „the place to be", auch das **Nachtleben** bietet hier reichlich Möglichkeiten und die auf dem Areal angesiedelten Clubs zählen zu den angesagtesten der Stadt.

❯ Namal Tel Aviv, Haltestelle Sha'ar Tzion, Bus 4

◰ Der Namal Tel Aviv wirkt nur noch an wenigen Stellen wie ein echtes Hafengebiet

Ramat Aviv

Überquert man den Yarkon-Fluss nach Norden, gelangt man nach Ramat Aviv. Dieser Bezirk besteht aus mehreren Stadtteilen und beherbergt neben weitläufigen (teilweise recht exklusiven) Wohngebieten den größten Teil des Yarkon Park (s. S. 85), den Inlandflughafen Sde-Dov und die Universität Tel Aviv ㉖, in der das Diaspora-Museum ANU ㉗ angesiedelt ist. Weitere Highlights stellen das *Eretz Israel Museum* ㉕, das *Palmach Museum* (s. S. 60) und das größte Einkaufszentrum des Großraums Tel Aviv, die *Ramat Aviv Mall* (s. S. 78) dar. Die Infrastruktur des Bezirks ist ansonsten aber nicht auf Besucher ausgelegt, so fehlen im Unterschied zum Stadtzentrum Cafés und Lokale und die Entfernungen zwischen den einzelnen Sehenswürdigkeiten bieten sich gerade im Sommer nicht für einen Spaziergang an.

㉕ Eretz Israel Museum ★★ [S. 144]

מוזיאון ארץ ישראל

Fast direkt am nördlichen Ufer des Yarkon-Flusses befindet sich das Museum des Landes Israel (Eretz Israel), in dem man einen umfassenden Einblick in die Kunstfertigkeiten der Israeliten, aber auch anderer Völker, die im Laufe der Jahrhunderte auf dem heutigen Staatsgebiet lebten, bekommt.

Beim Eretz Israel Museum handelt es sich um einen reizvoll gestalteten, recht **ausgedehnten Komplex**, der um den antiken Philisterhafen **Tel Qasile** angelegt wurde und aus **acht Pavillons** besteht, die jeweils einem besonderen Schwerpunkte gewidmet sind: Das **Glasmuseum** mit seiner herausragenden Sammlung beschäftigt sich mit der Glasherstellung, das **Kadman Numismatic Museum** spürt der Historie der Münzen nach (auch hier sind die Ausstellungsstücke weitestgehend einzigartig), der **Ceramics Pavilion** dokumentiert Töpferkunst und Keramiken vorwiegend arabischer Machart – hier befindet sich auch der Nachbau eines **israelitischen Hauses** aus der Zeit des Ersten Tempels. Im **Man and His Work Center** wird die Entwicklung orientalischer Handwerkstechniken nachgezeichnet und im **Nehushtan Pavilion** sieht man Funde aus den Kupferminen im Timna-Tal im Süden des Landes. Außerdem findet sich im Museum ein **Folklore-Pavilion** mit Artefakten jüdischer Kunst, das **Alphabetmuseum**, das sich mit der Entwicklung der Schrift beschäftigt, und das **Alexander Museum**, das sich der Geschichte der israelischen Kunst sowie der Philatelie widmet.

Auf dem weitläufigen, **üppig begrünten Gelände** gibt es weitere Sehenswürdigkeiten wie eine **alte Ölpresse**, einen orientalischen **Handwerksmarkt**, ein **Planetarium** (Erklärungen bis dato leider vorrangig auf Hebräisch), eine aufschlussreiche audiovisuelle Show namens „Tel Aviv, the ancient town, the modern city", einen beschilderten Rundweg durch die Grundmauern der oben erwähnten **Philistersiedlung** und des Tempelareals, die auf das 12. Jh. v. Chr. zurückgehen, sowie diverse Wechselausstellungen und einen gut bestückten Museumshop. Kurz: Bei Interesse an einem oder mehreren der hier erläuterten Wissensgebiete oder an den wahrscheinlich ältesten Ausgrabungen in diesem Teil der Stadt lohnt sich ein Besuch des Eretz Israel Museums auf jeden Fall, wenn auch die **Didak-**

tik des Museums leider etwas veraltet erscheint und z. B. für Kinder wohl nur bedingt mitreißend sein dürfte.
> Eretz Israel Museum, 2 Rehov Haim Levanon, Haltestelle Eretz Israel Museum, Bus 7, 25, 45, Tel. 03 6415244, www.eretzmuseum.org.il, Mo, Mi 10–16, Di, Do 10–20, Fr 10–14, Sa 10–18 Uhr, Eintritt: 52 NIS, ermäßigt 35 NIS (Museum und Planetarium 84 NIS, ermäßigt 67 NIS), Besuchszeit mindestens zwei Stunden

㉖ Tel Aviv University ★ [S. 144]

אוניברסיטת תל־אביב

Die bemerkenswerte Universität Tel Avivs ist die größte und eine der namhaftesten des Landes. Ein Besuch des großzügig angelegten Campus ist auch für Nicht-Studierende problemlos möglich.

Mehr als 30.000 Hochschüler studieren heute an der Tel Aviv University. Viele von ihnen bilden die zukünftige Elite Israels. Die Universität eröffnete 1956, als man mehrere kleinere **Hochschulen** und **Institute**, die bereits seit den 1930er-Jahren bestanden, zusammenschloss und in Ramat Aviv den Grundstein für das Hochschulgelände legte. Vorher befand sich an dieser Stelle das **arabische Dorf Ash-Shaikh Mu'annes**, dessen Bewohner aufgrund des Arabisch-Israelischen Krieges von 1948 geflohen waren. Teile der Grundstücke, auf denen sich die Hochschule heute befindet, wurden legal abgekauft, andere jedoch schlichtweg besetzt. Das einzig erhaltene Haus des Dorfs beherbergt mittlerweile das **Clubhaus** und die **Mensa** der Universität.

Heute präsentiert sich die Tel Aviv University mit über 90 Instituten als ein ausgesprochen entspannter Campus, denn zwischen den Gebäuden der Fakultäten gibt es **reichlich Grünflächen** und eine Vielzahl von **Cafeterias**, in denen man auch im Freien ausspannen oder angestrengt studieren kann. Besucher sollten das Gelände von der Rehov Chaim Levanon kommend durch das **Frenkel Gate** betreten – Ausweiskontrollen sind hier nicht selten – und dann die Sderot Henry Gildred entlang nach Westen gehen. Auf den Wiesen sind einige **moderne Skulpturen** zu betrachten und nach knapp 500 m erreicht man die sowohl architektonisch als auch für Judaica-Begeisterte sehenswerte **Cymbalista-Synagoge** (Männer benötigen zur Besichtigung eine Kopfbedeckung). Das Highlight eines Universitätsbesuches stellt hingegen das 1978 eröffnete **ANU (Museum of the Jewish People)** ㉗ dar, das selbst Geschichtsmuffel begeistern wird.
> Tel Aviv University Campus, Frenkel Gate No. 7, Rehov Haim Levanon, Haltestelle Tel Aviv University, Bus 7, 25, 45, Sherut 4א, Tel. 03 7457800, www.tau.ac.il

㉗ ANU – Museum of the Jewish People ★★★ [S. 144]

אנו - מוזיאון העם היהודי

Wer in Tel Aviv nur einen Museumsbesuch „verkraftet", der sollte sich unbedingt für das Museum des Jüdischen Volkes entscheiden, denn hier bekommt der Besucher eine didaktisch gelungene Einführung in 4000 Jahre jüdischer Geschichte.

Das zur Universität Tel Aviv ㉖ gehörende ANU befindet sich inmitten des Campus und geht auf die Initiative Nahum Godmanns (1895–1982) zurück, dem Gründer und langjährigen Präsidenten des Jüdischen Weltkongresses, der federführend an den Verhandlungen mit der Bundesrepublik Deutschland bezüglich der Reparationszahlungen beteiligt war. Das Museum dokumentiert die **geografische Zerstreuung** der Juden in alle Welt. Dies mag trocken klingen, doch aufgrund der Fülle von **alten Filmaufnahmen** (in englischer Synchronisation) und ausgesuchter Artefakte wird ein Besuch der drei Stockwerke umfassenden Ausstellung wirklich nicht langweilig. Mit etwas vorheriger Einführung ins Thema sollten sogar Kinder ab ca. 10 Jahren hier einiges mitnehmen können. An **Modellen** und **Bildern, Fotos, Karten** und historischen Ausstellungsstücken wird das Leben der Juden im **Exil** von Ägypten bis nach Spanien, Äthiopien, in den Jemen oder an den Rhein nachgezeichnet und auch ihre **Verfolgung** wird thematisiert, beginnend bei den Babyloniern über die Römer bis hin zu den Nazis. In diesem letzten Zusammenhang sollte man auch keinesfalls das **eindrucksvolle Holocaust-Mahnmal** beim Aufgang in die beiden oberen Stockwerke übersehen.

Außerdem erfährt man hier eine Menge über **jüdische Bräuche**, Familienleben, **Feiertage** und die Architektur der **Synagogen** – anschaulich an 18 Modellen heute meist nicht mehr existierender Gebäude erläutert. Ein weiteres Thema ist das **alltägliche Leben in den Gemeinden der Diaspora**, darunter auch das der Menschen, die sich im Mittelalter in Deutschland niedergelassen hatten, das man damals auf Hebräisch als **Aschkenas** bezeichnete. So bekommt man sogar einen Einblick in ehemals lebendige Zentren jüdischen Lebens wie Speyer, Worms oder Mainz.

Wer auf die Suche nach **seinen (jüdischen) Wurzeln** gehen möchte, bekommt über das digitale Informationszentrum die Möglichkeit, etwas über die Herkunft seiner Familie zu erfahren und im Gegenzug seinen Stammbaum ins Netzwerk des Museums einzuspeisen. Den Abschluss der Dauerausstellung bildet der Bereich „Modern Jewish Identity and Culture", in dem über die Diversität des modernen Judentums in Israel und der Welt berichtet wird.

In einem Flügel des Gebäudes finden zusätzlich **Wechselausstellungen** statt. In unmittelbarer Nähe des Museumseingangs finden sich mehrere **Cafeterias** und Souvenirfans werden sicher im kleinen, aber feinen Museumsshop fündig.

› Tel Aviv University Campus, Frenkel Gate No. 7, Rehov Haim Levanon, Haltestelle Tel Aviv University, Bus 7, 25, 45, Sherut 4א, Tel. 03 7457800, www.anumuseum.org.il, Sa-Mi 10-17, Do 10-22, Fr 9-14 Uhr, Eintritt: 52 NIS, ermäßigt 26 NIS, mindestens zwei Stunden Besuchszeit einplanen

Ideal für eine Zeitreise durch die Geschichte der Juden in aller Welt: das ANU (Museum of the Jewish People)

Jaffa

Jaffa – auf Hebräisch Yafo und auf Arabisch Yafa – bildet den südlichen Abschnitt Tel Avivs. Anders als der Rest der Stadt blickt Jaffa auf eine lange Geschichte zurück, hat es doch einen der ältesten Häfen der Welt. Bis 1948 war Jaffa eine vorrangig arabische Stadt, bis sie von jüdischen Truppenverbänden besetzt wurde und ein Großteil der Araber floh, seitdem ist es ein Stadtteil Tel Avivs, das seit 1950 offiziell Tel Aviv-Yafo genannt wird. Heutzutage leben rund 46.000 Menschen in Jaffa, von denen etwa 16.000 Araber und der Rest Juden sind. Doch baulich ist das orientalische Erbe immer noch präsent, finden sich doch hier malerische Gassen mit Häusern aus der osmanischen Zeit. Das Zentrum um den Clock Tower 28 ist zwar nahezu komplett in die Hände von Händlern übergegangen, die sich auf Touristen-Souvenirs spezialisieren – denn Jaffa stellt mit seinem Kikar Kedumim 30 und der Saint Peter Church 31 den touristischen Haupttrampelpfad Tel Avivs dar –, aber wer die angrenzenden Sträßchen von Ajami 33 oder Noga 16 besucht, der bekommt ein geradezu beschauliches Bild eines Viertels, das immer noch nicht so richtig zum boomenden und pulsierenden Rest Tel Avivs passt.

28 Clock Tower ★★ [B12]

מגדל השעון

Noch mehr Jaffa als am Uhrturm geht kaum, denn das Bauwerk aus der osmanischen Zeit bildet in jeder Hinsicht das Wahrzeichen dieses Teils der Stadt und stellt somit den geografischen Nullpunkt einer Jaffa-Begehung entlang der quirligen Rehov Yefet dar.

Erbaut wurde der **dreistöckige Turm** in den Jahren 1900 bis 1906 unter der Leitung von Joseph Beys Moyal, um des 30-jährigen Jubiläums der Herrschaft des osmanischen **Sultans Abdul Hamid II.** (1842–1918) zu gedenken. Ein beträchtlicher Teil der Baukosten bestand aus Spenden der Einwohner Jaffas, und zwar gleichermaßen von Arabern und von Juden. Die **Baupläne** orientierten sich am Uhrturm von Khan Al-Umdan in Akko, der dem gleichen Zweck gewidmet wurde. Der Clock Tower ist für Touristen vor allem als **Fotomotiv** interessant, nicht zuletzt wegen der **kunstvoll gearbeiteten Mosaikfenster**, die Ereignisse aus der Geschichte des Ortes darstellen.

Zwar kann der Turm nicht bestiegen werden, aber von hier aus sollte man zu einem Spaziergang durch das lebendige Viertel entlang der **Rehov Yefet** aufbrechen und im Umkreis auf die weiteren Gebäude aus der osmanischen Epoche wie dem **Seraya** genannten ehemaligen türkischen Regierungsgebäude, dem einstigen Gefängnis namens **Kishle** – in dem das schicke The Setai Hotel (s. S. 121) untergebracht ist – oder der **Mahmudiya-Moschee** 29 achten.

Jaffa

MEINE TIPPS

Lust auf Mittagessen?
In den Arkaden, versteckt hinter dem Clock Tower, liegt das für sein Shawarma (ähnlich dem Döner-Kebap) und Shakshuka (gebratene Eier in Tomatensauce) bekannte tripolitanische Restaurant Dr. Shakshuka.

🍴6 [B12] **Dr. Shakshuka** €-€€, Beit HaEshel 3, Tel. 03 5186560, So–Do 8–24, Fr 8–16 Uhr

Fisch beim schönen Shabtai
Ein sehr beliebtes und vielleicht das beste Fischrestaurant im alten Teil Jaffas ist Shabtai HaYafe – „Shabtai der Schöne" – gegenüber der Hassan-Bek-Moschee.

🍴7 [B12] **Shabtai HaYafe** €-€€, Rehov HaTsorfim 38, Tel. 03 6832250, Mo–Do 12–24, Fr 11–23, Sa 11–24 Uhr

Südöstlich des Clock Tower befinden sich Souvenirläden. Wem nach einem kleinen Snack ist, sollte die Rehov Yefet nach Süden laufen und an der **Bäckerei Abulafia** (Hsnr. 7) einen Stopp einlegen, denn die hier angebotenen **Sambusak** (gefüllte Teigtäschchen) sind mehr als suchtverdächtig! Wie wäre es mit einem Besuch des **Flohmarkts Shuk HaPishpeshim** (s. S. 82) im Gassengewirr zwischen der Rehov Yefet und der Sderot Yerushalayim? Hier kann man vom gebrauchten Fön oder Toaster bis hin zum einen oder anderen **Schnäppchen für Retro-Freunde** alles ergattern. Allerdings ist der authentische Trödelmarkt nur im Bereich um die Rehov Amiad beheimatet, während in der Rehov Oley Tzion, der Rehov Rabbi Hanina und der Rehov Rabbi Pinchas Ben Ya'ir professionelle Händler ihre Waren feilbieten.

› Rehov Yefet, Haltestelle Migdal HaSha'on, Bus 10

㉙ Mahmudiya-Moschee ★ [B12]

מסגד מחמודיה

Wer sich für die Geschichte der Araber Jaffas interessiert, sollte einen Blick in die Mahmudiya-Moschee werfen. Sie stellt nicht nur die größte und bedeutendste ihrer Art in diesem Teil der Stadt dar, sondern ist inmitten des lebendigen Geschäftsviertels auch ein Symbol für die arabisch-muslimische Präsenz.

Die Moschee besteht aus einem **Komplex mehrerer Gebäude**, die stilvoll um zwei große verbundene Innenhöfe – an der Südmauer befindet sich ein sehenswerter **Brunnen** – und einen dritten, kleineren Hof angeordnet sind. Erbaut wurde das gesamte Areal in verschiedenen Stadien ab dem Jahr 1730, ursprünglich auf Befehl des osmanischen Gouverneurs Scheich Muhammad al-Khalili. Später folgten weitere Teile unter der Herrschaft Sulaiman Paschas, dem Gouverneur von Akko. Der Hauptteil der sich heute präsentierenden Moschee inklusive des **Ehrenhofs** im westlichen Teil mit seinen **Arkaden**, der großen, rechteckigen, durch zwei große flache Kuppeln bedeckten **Gebetshalle** und dem **schlanken Minarett** wurde 1812 vom osmanischen Gouverneur von Gaza und Jaffa, Muhammad Abu Nabbut, erbaut. Viele der hier verwendeten römischen Säulen stammen übrigens ursprünglich aus Caesarea und Ashkelon.

Man betritt die Moschee heute nicht mehr durch das sogenannte **Tor**

◁ *Der Clock Tower ist das unangefochtene Wahrzeichen Jaffas*

Jaffa

der Gouverneure auf der Rehov Ruslan, sondern von Westen her. Dort sollte man linker Hand im Büro um Erlaubnis für einen Besuch bitten (tägl. 9–16 Uhr, außer freitags zum Mittagsgebet), denn es handelt sich um ein aktiv genutztes Gotteshaus. Nach dem Besuch sollte man auf jeden Fall ein wenig durch das umliegende Lokal- und Geschäftsviertel schlendern und z. B. zum Mittagessen bei **Shabtai HaYafe** (s. S. 49) einkehren.

> Rehov Mifrats Shlomo, Haltestelle HaSha'on Square, Bus 10

30 Kikar Kedumim ★★★ [A12]
כיכר קדומים

Folgt man der Rehov Mifrats Shlomo bergan, erreicht man den Kikar Kedumim, den zentralen Platz des touristischen Jaffa, von dem aus sich einem ein wunderschöner Ausblick über die Küstenlinie eröffnet. Auf der Rehov Mifrats Shlomo sollte man noch den Kanonen Beachtung schenken, die angeblich von Napoleons Armee zurückgelassen wurden.

Der oberhalb der Küste liegende Kikar Kedumim bildet den Kern des für Besucher interessanten Teils Alt-Jaffas. Der große Platz wird an der Nordseite von der **Saint Peter Church** 31 flankiert und bietet ein paar Lokale und Souvenirshops. Am Westrand, quasi einen Häuserblock nach der Kirche, eröffnet sich ein toller Blick auf den Hafen. In der Brandung erkennt man den **Felsen der Andromeda**, an den der griechischen Mythologie zufolge die schöne Frau – auf das Meeresungeheuer wartend – gefesselt war, bis sie der Halbgott Perseus befreite.

Sehenswert ist auch der östlich des Platzes gelegene Park **Gan HaPisgah** (s. S. 84), in den eine Steintreppe, eine Holzbrücke – die sog. **Wunschbrücke**, da man hier sein Sternzeichen berühren, gen Meer sehen und einen Wunsch aussprechen soll – und ein Fußweg führen. Der Park befindet sich auf dem Hügel Tel Yafo, von dem man wohl einen der besten Blicke über die Küstenlinie und Tel Aviv hat. Hier befindet sich das **Standbild des Glaubens**, das den Fall von Jericho, Isaaks Opferung und Jakobs Traum darstellt, und man kann einige historische Ausgrabungsstätten, u. a. des pharaonischen Ägypten, wie den **Ramses-Torbogen** im südlichen Teil des Parks, besichtigen. Zwar nicht his-

Mythologie zum Greifen nahe: Vom Gan HaPisgah hat man einen beeindruckenden Blick auf den Felsen der Andromeda (rechts neben dem Turm).

Jaffa

torisch, aber dennoch eindrucksvoll ist das **Amphitheater,** in dem noch ab und zu Theatervorstellungen oder Konzerte stattfinden.

Wer den Kikar Kedumim verlassen möchte, sollte dies über die Gasse Mazal Moznaim links der Saint Peter Church tun, denn hier wandelt man auf den Spuren des **befestigten Jaffa** bis hinunter zum **Namal Yafo** ❷ genannten Hafen. Wer sich für die Architektur des alten Jaffa interessiert, der sollte das **Ilana Goor Museum** (s. S. 58) besuchen. Zwar stehen hier Kunstobjekte der israelischen Künstlerin Ilana Goor im Vordergrund, doch das Museum befindet sich in einem aufwendig renovierten, ehemaligen Pilgerheim aus dem 18. Jh. Fans von Zauberei und Magie werden sich außerdem im **Uri Geller Museum** (s. S. 61) wohlfühlen.

› Kikar Kedumim, Haltestelle HaSha'on Square, Bus 10

❶ Saint Peter Church ★★ [A12]
כנסיית פטרוס הקדוש

Ursprünglich gab es an dieser Stelle eine von Friedrich II. zu Beginn der zweiten Hälfte des 13. Jahrhunderts errichtete und von Ludwig IX. von Frankreich restaurierte **Kreuzritterburg,** doch 1654 entschied man sich, zu Ehren des **heiligen Petrus** eine katholische Kirche zu errichten. Gemäß der **Apostelgeschichte** (9:36–43 und 10:1–4) hatte Petrus, einer der Jünger Jesu, an dieser Stelle Tabitha von den Toten auferweckt.

Im späten 18. Jahrhundert wurde die Kirche zweimal zerstört und in Folge jedes Mal wieder neu erbaut. Die derzeitige Struktur wurde zwi-

Von praktisch überall in Jaffa erkennt man den Glockenturm der Saint Peter Church ❶

schen 1888 und 1894 geschaffen und zuletzt im Jahr 1903 renoviert. Man erkennt die Saint Peter Church mit ihrer **hohen Backsteinfassade** und dem hoch aufragenden **Glockenturm** praktisch von überall und auch innerhalb der Altstadt von Jaffa ist sie das markanteste Gebäude. Dies war gewollt, denn sich nähernde Pilger sollten sie bereits vom Schiff aus wahrnehmen. Das Innere der Kirche mit ihrer hohen, **gewölbten Decke** und den Wänden aus **Marmor** erinnert an Kathedralen in Europa. Die **Glasfenster** wurden in München von dem renommierten Künstler Franz Xaver Zettler hergestellt. Sie zeigen mehrheitlich spanische Heilige, da das Gebäude in seiner jetzigen Form unter spanischer Leitung errichtet wurde und viele der **Gemälde** stellen Episoden aus dem Leben des heiligen Petrus dar. Bemerkenswert ist auch die geschnitzte **Kanzel**, die die Form eines Baumes hat.

Auf der rechten Seite der **Sakristei** befinden sich noch Reste der alten Festung, darunter auch zwei kreisförmige Räume mit Schießscharten. Angeblich lebte **Napoleon Bonaparte** 1799 während seines Feldzuges in Ägypten und Syrien kurzzeitig in diesen Räumen. Zur Kirche gehört ein **Kloster**, in dem die **Botschaft des Vatikans** residiert. Schräg unterhalb des Klosters befindet sich außerdem die griechisch-orthodoxe Saint Michael Church.

› Kikar Kedumim, tägl. 8–11.45 und 15–17 Uhr, Haltestelle HaSha'on Square, Bus 10

㉜ Namal Yafo ★★ [A13]
נמל יפו

Ob auf ein Foto des beschaulichen Fischereihafens und des kleinen Leuchtturms oder einfach nur, um die erfrischend natürliche Leichtigkeit dieser Gegend zu erschnuppern, ein Spaziergang durch den Hafen Jaffas ist sicher eine gelungene Abwechslung zum Trubel im Rest der Stadt.

Im äußersten Süden des Küstenstreifens von Tel Aviv, am Fuße der Altstadt von Jaffa, erstreckt sich der Namal Yafo, der über viele Jahrhunderte ein wichtiger Hafen war, z. B. für in Palästina produzierte Zitrusfrüchte, darunter die berühmten **Jaffa-Orangen**. Sie sind übrigens ein Grund, weshalb Yafo in Anlehnung an den Big Apple häufig HaTapus HaGadol – „große Orange" – genannt wird.

Heute ist man im Hafen weit entfernt von der autogeplagten Innenstadt und den überlaufenen Shoppingdistrikten. Den kleinen Hafen teilen sich die **Fischer, Segel- und Katamaran-Schulen** und die Betreiber von **Ausflugsbooten**. Hinzu kommen v. a. abends und am Wochenende die Besucher der hiesigen Lokale sowie der Handvoll Geschäfte und Galerien. Richtig voll wird es höchstens mal, wenn zusätzlich Touristengruppen die steile Treppe vom Kikar Kedumim ㉚ herunterstolpern. Ansonsten gehört dieser Abschnitt der Bucht zuallererst den Fischern, die morgens auf ihren bunten Booten in See stechen und am Nachmittag im Schatten ihre Netze flicken. Apropos Fisch: Die **Restaurants** und **Bars** in unmittelbarer Hafennähe wie das reizende HaZaken ve HaYam (s. S. 66) haben sich – wen wunderts – auf **Meeresgetier** spezialisiert. Doch nicht nur wegen der Fische, des Mee-

Der alte Leuchtturm ist das Lieblingsfotomotiv am Namal Yafo

Jaffa

> **MEIN TIPP**
>
> **Das Beste, was eine Kichererbse werden kann!**
>
> 🔊8 [A13] **Ali Karavan** €, 1 R. HaDolphin. Nein, nur weil es hier das vielleicht beste Hummus Israels gibt, strömen die Gäste mittags nicht jeden Tag ins Ali Karavan, das man auch Abu Hassan nennt. Es ist die Atmosphäre in diesem einfachen Familienlokal im arabischen Herzen Jaffas, das es so populär macht. Garantiert 100 % Tel Aviv!

res und des **grandiosen Panoramas** lohnt es sich, den Hafen Jaffas zu besuchen. Wem der Sinn nach Action steht, der kann sich direkt am Hafen ein **Kajak** mieten und geradewegs von hier in See stechen (Kayak Truck, s. S. 26) und eine Vorstellung im **Nalaga'at Center** (s. S. 76) wird nicht nur ausgesprochene Theaterfans faszinieren.

> Retsif Ha'aliyah HaShniya, Haltestelle HaSha'on Square, Bus 10

33 Ajami ★ [B13]
עג'מי

Das südlich des Kikar Kedumim gelegene Ajami bildet den **arabischsten Teil Jaffas**, auch wenn man hier keine Bilderbuchszenen aus 1001 Nacht erwarten darf. Gegründet wurde Ajami vorrangig von **christlichen Maroniten** während der osmanischen Herrschaft am Ende des 19. Jahrhunderts, doch benannt wurde es nach Ibrahim al-Ajami, einem der Gefährten des Propheten Mohammed, denn laut einer lokalen Überlieferung soll er im Süden dieses Stadtteils beigesetzt worden sein. Interessant sind bei einem Spaziergang durch Ajami entlang der Rehov Yefet gen Süden die vielen **orientalisch anmutenden Gebäude** mit großzügig angelegten **Innenhöfen**, von denen man sich einige – z. B. als Abstecher in die Rehov HaPninim – ansehen kann. Dort, wo die Rehov Louis Pasteur von der Rehov Yefet nach Westen abzweigt, befindet sich auf der gegenüberliegenden Seite das schmucke **Collège des frères**, eine christliche Schule, die 1882 von den französischen Lasalliens-Mönchen („Brüder der christlichen Schulen") gegründet wurde. Folgt man der Rehov Yefet weiter, erreicht man auf der linken Seite die **Terra Santa High School,** in der vorrangig christlich-arabische Kinder unterrichtet werden, und direkt daneben die imposante und doch relativ schlicht wirkende, 1932 erbaute katholische **Saint Antony's Church,** deren Eingang mit etwas Glück offen ist.

Zurück an der Brücke, folgt man der Rehov Yehuda HaYamit nach

Westen. Linker Hand geht es nun zu **Ali Karavan**, dem vielleicht besten Hummus-Lokal Israels. Zwar hat das auch Abu Hassan genannte Restaurant nur mittags auf und meist muss man etwas warten, bis man einen Tisch bekommt, doch ein Erlebnis der ganz besonderen Art ist hier nicht nur im gastronomischen Sinne garantiert.

Südlich des Lokals besteht Ajami aus einem relativ unattraktiven, teilweise sogar etwas **heruntergekommenen Wohngebiet**, das immer wieder durch Immobilienskandale samt Zwangsräumungen, Hausbesetzungen und Abrissanordnungen auf sich aufmerksam macht. Fans von Fischgerichten zieht es noch in die Rehov Kedem, denn hier befinden sich das beliebte **HaZaken ve HaYam** (s. S. 66), aber auch weitere Lokale, die sich auf Meeresgetier spezialisiert haben.

› Rehov Yefet, Haltestelle Yefet/Louis Pasteur, Bus 10

↑ *Nicht nur zweibeinige Besucher begeistern sich für die Gässchen Jaffas*

HaKol BeSeret – Tel Aviv im Film

Tel Aviv ist das **Zentrum der Israelischen Filmindustrie** und so manche Produktion der letzten Jahre eignet sich, um das Leben im Land und speziell in der Stadt etwas besser zu verstehen. So z. B. „Ajami" (2009, von Scandar Copti und Yaron Shani), der von Einzelschicksalen israelischer Araber erzählt; „Alles für meinen Vater" (2008, von Dror Zehavi) über die ungewöhnliche, kurze Liebesgeschichte zwischen einer Jüdin und einem Palästinenser; „Jellyfish" (2007 von Shira Geffen und Etgar Keret) über drei Frauen in unerwarteten Situationen; „Paradise Now" (2005, von Hany Abu-Assad), über die Geschichte von zwei palästinensischen Selbstmordattentätern; „The Bubble" (2006, von Eytan Fox) über vier junge Menschen und deren Leben in der Stadt; „Geh und Lebe" (2005, von Radu Mihaileanu), ein grandioser Film über einen äthiopischen Jungen, der im Zuge der Operation Moses aus einem sudanesischen Flüchtlingslager nach Israel kommt; „In Between" (2016, von Maysaloun Hamoud) über drei arabische Israelinnen, die sich eine WG teilen; „In the Void" (2012, von Rama Burshtein) zeigt das nicht ganz einfache Leben einer jungen Frau aus einer ultraorthodoxen Familie in der Stadt; mit dem Schicksal jüdischer und arabischer Familien 1948 in Tel Aviv und Jaffa beschäftigt sich „The Road to Where" (2016, von Michal Bat-Adam).

Tel Aviv für Kunst- und Museumsfreunde

Museen

Wer sich im weitesten Sinne für Kunst interessiert, kommt in Tel Aviv sicher auf seine Kosten. Mit einer beachtlichen Anzahl an Museen ist die Stadt ihrem Ruf als reine Party- und Strandmetropole weit voraus! Ganz besonders stilvoll präsentieren sich die Ausstellungshäuser jedes Jahr Ende Juni oder Anfang Juli, wenn sie während der **White Night** (s. S. 87) die ganze Nacht geöffnet haben.

△ *Die Plünderung Jerusalems durch Kaiser Titus – als Kopie im ANU* ㉗

◁ *Vorseite: Garantiert unterhaltsam – Straßenkünstler in der Rehov Nachalat Binyamin [D9–E11]*

㉗ **ANU (Museum of the Jewish People).** Das ANU widmet sich der jüdischen Diaspora, sprich der Historie sowie den Gebräuchen und Traditionen der einzelnen jüdischen Gemeinden in aller Welt im Laufe der Jahrhunderte. Es handelt sich wohl um eines der sehenswertesten Museen ganz Israels, denn hier bekommt der Besucher eine gelungene Einführung in 4000 Jahre jüdischer Geschichte und Einblick in die Beweggründe zu einer Rückkehr ins „Gelobte Land" (s. S. 46).

22 [C7] **Beit Ha'ir**, 27 R. Bialik, Tel. 03 7240311, www.facebook.com/beithair, Mo–Do 9–17, Fr, Sa 10–14 Uhr, Eintritt: 20 NIS, ermäßigt 10 NIS (das Ticket gilt auch für das Bialik House, s. S. 57). Im ehemaligen Rathaus befinden sich mehrere Ausstellungen zur Geschichte Tel Avivs, darunter eine aufschlussreiche Fotoausstellung, viel zum Thema Street-Art, aber auch ein Rückblick auf die Entwicklung der Stadt unter ihrem ersten Bürgermeister Meir Dizengoff (1861–1936). Im Jahr 2022 war das Haus wegen Renovierung geschlossen, ab Anfang 2023 soll es wieder geöffnet sein.

23 [C5] **Ben-Gurion House.** Im Haus David Ben-Gurions, des ersten Premierministers und einem der Gründer der sozialdemokratischen Arbeitspartei Israels, bekommt man eine interessante Einführung in dessen Leben und Schaffen. Zu sehen sind u. a. Erinnerungsstücke wie Briefe von Kennedy, Churchill und anderen Politikgrößen als auch Ben-Gurions private Bibliothek mit ca. 20.000 Titeln (s. S. 42).

23 [C7] **Bialik House,** 22 R. Bialik, Tel. 03 5254530, Mo.–Do. 9–17, Fr./Sa. 10–14 Uhr, So. geschlossen, Eintritt: 20 NIS, ermäßigt 10 NIS (das Ticket gilt auch für das Beit Ha'ir, s. S. 56). Ein Besuch im ehemaligen Wohnhaus Chaim Nachman Bialiks (1873–1934), des namhaftesten Dichters Israels, lohnt sich nicht nur für Literaturfans, denn hier kann man auch die Wohnkultur der 1920er- und 1930er-Jahre in Tel Aviv nachvollziehen. Die Wohngegend ist typisch für damals bessergestellte Kreise. Wegen Renovierung noch **bis Anfang 2023 geschlossen.**

Moderner Tanz in Israel

Israel ist weltweit eines der lebendigsten und kreativsten Zentren des modernen Tanzes und Tel Aviv stellt definitiv den Nabel dieser Szene dar. Der zeitgenössische Tanz wird durch eine **Mischung aus israelischen Volkstänzen** – d. h. Tänze verschiedener Einwanderergruppen – und zeitgemäßer **europäischer Tanztraditionen** charakterisiert.

Als Pionier des „modern dance" in Israel gilt die aus Wien stammende **Gertrud Kraus** (1901–1977), die 1935 nach Tel Aviv kam und hier ein Tanzensemble gründete, das bald Teil der Tel Aviv Folk Opera wurde. 1950/1951 gründete sie das **Israel Ballet Theatre,** das sich über die folgenden Jahre zu einer Institution dieses ganz eigenen Stils entwickeln sollte. Ihm folgten weitere Tanzensembles wie die **Batsheva Dance Company,** die im Jahr 1964 von Martha Graham und Baroness Batsheva De Rothschild gegründet wurde und deren Ballerinas Rina Schoenfeld und Rena Gluck international Furore machten.

Namhaft ist auch das **Inbal Dance Theatre,** das sich auf die Tänze der diversen ethnischen Gruppen in Israel, unter ihnen die der jemenitischen, marokkanischen, iranischen und kurdischen Juden, konzentriert. Auf dem Programm stehen häufig biblische Themen, bei denen sich archaische und moderne Tanzstile mischen. Die Gruppe wurde 1949 von Sara Levi-Tanai, einer aus dem Jemen stammenden Tänzerin, gegründet.

Weitere wichtige Namen des israelischen Tanzes sind die **Inbal Pinto & Avshalom Pollack Dance Company,** die sich besonders durch ihre modernen Improvisationen auszeichnet, oder die wilde **Yasmeen Goddard Dance Group,** die in Zusammenarbeit mit der angesprochenen Batsheva Dance Company arbeitet. Wer mehr zum Thema wissen möchte, kann sich auf www.danceinisrael.com einlesen oder sich für eine Vorführung direkt an das **Suzanne Dellal Centre** (s. S. 77) wenden.

Tel Aviv für Kunst- und Museumsfreunde

> **An Shabbat geschlossen**
> **Freitags** schließen die meisten Museen um spätestens 14 Uhr und am **Samstag** bleiben viele gänzlich zu.

㉕ Eretz Israel Museum. In diesem Museum bekommt man einen umfassenden Einblick in die Kunstfertigkeiten der Israeliten und anderer Völker, die auf dem Staatsgebiet des heutigen Israel leben oder lebten. Es handelt sich um einen interessant gestalteten Komplex, der um den antiken Philisterhafen Tel Qasile herum angelegt wurde und aus acht Pavillons – zu je einem Interessensgebiet – besteht (s. S. 45).

24 [C10] Gutman Museum of Art, 21 R. Shimon Rokach, Tel. 03 5161970, www.gutmanmuseum.co.il, Mo–Do 10–16, Fr 10–14, Sa 10–15 Uhr, Eintritt: 24 NIS, ermäßigt 12 NIS. Im in Neve Tsedek gelegenen Gutman Museum of Art sind Werke des israelischen Malers und Allround-Künstlers Nachum Gutman (1898–1980) ausgestellt. Der ursprünglich aus Odessa stammende Gutman gilt als einer der ersten in Israel beheimateten Künstler.

25 [D9] Haganah Museum, 23 Sderot Rothschild, Tel. 03 5608624, So–Do 8.30–16 Uhr, Eintritt 20 NIS, ermäßigt 10 NIS. Die Haganah war die Selbstverteidigungsbewegung der jüdischen Siedler in Palästina während der Zeit des britischen Mandats und somit einer der Vorläufer der israelischen Streitkräfte. In diesem Museum werden ihre Geschichte und ihre Bemühungen um die (oftmals illegalen) Einwanderer jüdischen Glaubens audiovisuell interessant aufbereitet nachgezeichnet.

26 [F5] Helena Rubinstein Pavilion for Contemporary Art, 27 Sderot Sha'ul HaMelekh, Tel. 03 6077020, www.tamuseum.org.il, Mo, Mi, Sa 10–18, Di/Do 10–21 und Fr 10–14 Uhr, Eintritt 50 NIS, ermäßigt 40 NIS. Im Helena Rubinstein Pavilion werden wechselnde Ausstellungen moderner in- und ausländischer Künstler präsentiert. Das Haus ist Teil des Tel Aviv Museum of Art ⑲.

27 [A12] Ilana Goor Museum, 4 R. Mazal Dagim, Tel. 03 6837676, www.ilanagoormuseum.org/en, Sa–Do 10–16, Fr 10–15 Uhr, Eintritt 45 NIS, ermäßigt 25 NIS. Die aus Tiberias stammende Künstlerin Ilana Goor stellt in einer ehemaligen Pilgerherberge aus dem Jahr 1740 im alten Teil Jaffas neben ihren eigenen Arbeiten – v. a. Möbelstücke

◁ *Die Büste von David Ben-Gurion, dem ersten, von vielen verehrten Premierminister Israels, ist im Ben-Gurion House* ㉓ *zu sehen*

Tel Aviv für Kunst- und Museumsfreunde

und Schmuck – auch reichlich Kunstobjekte namhafter israelischer Künstler wie Menashe Kadishman, Ya'acov Dorchin oder Uri Lifshitz aus. Zum Museum gehört auch eine Galerie samt Souvenirshop.

🔟 [D9] **Independence Hall.** Im Haus Nr. 16 an der Sderot Rothschild ❾ widmet man sich der Unabhängigkeitserklärung des jüdischen Staates. Das Gebäude beherbergt neben einer Ausstellung mit historischen Fotos und zahlreichen Zeitungsartikeln die Independence Hall, in der David Ben-Gurion am 14. Mai 1948 die Gründung Israels verkündete (s. S. 28, **bis 2024 wegen Umbau geschlossen).**

❺ [D7] **Jabotinsky Institute.** Angeschlossen an das Museum of the Irgun Tzvai Leumi befindet sich das Jabotinsky Institute, in dem man einiges über das Leben Ze'ev Jabotinskys, des Oberkommandierenden der Untergrundorganisation Irgun Tzvai Leumi (kurz: Etzel) erfährt. Er galt als einer der Hauptverfechter des Zionismus und sah auf erstaunlich genaue Art das Schicksal der Juden während des Holocausts voraus (s. S. 21).

🏛 **28** [C7] **Liebling Haus,** 29 R. Idelson, Tel. 03 6473239, www.lieblinghaus.org, So, Mo, Mi, Do 8–19, Di 8–21 Uhr, Eintritt frei. Der baulichen Entwicklung Tel Avivs und der Architektur im urbanen Umfeld im Allgemeinen widmet sich dieses dreistöckige Museum, das man am besten auf einer Audio-Tour erkundet.

❺ [D7] **Museum of the Irgun Tzvai Leumi.** Das Museum informiert über die Entstehungsgeschichte und die Aktivitäten der Untergrundorganisation Irgun Tzvai Leumi, die gleichermaßen gegen die Araber und Briten kämpfte, aber auch die (illegale) Einwanderung durch Juden während des Holocausts sicherte. Ausgestellt werden Zeitungsartikel, Originaldokumente sowie zahlreiche Gegenstände wie Uniformen, Waffen etc. (s. S. 21). Zum Museum of the Irgun Tzvai Leumi gehört auch das Museum of the I. Z. L.:

🏛 **29** [B11] **Museum of the I. Z. L.,** Charles Clore Park, Tel. 03 5177180, So–Do 8–16.30 Uhr, Eintritt 20 NIS, ermäßigt 10 NIS. Das zum Museum of the Irgun Tzvai Leumi ❺ gehörende (Tickets gelten für beide Häuser) Museum of the I.Z.L. befindet sich in einem Rauchglasgebäude innerhalb der Überreste eines alten arabischen Hauses und beschäftigt sich ebenfalls mit den Aktivitäten der Untergrundorganisation Irgun Tzvai

▷ *Einblicke in die Schlacht um Jaffa bietet Museum of the I.Z.L.*

Tel Aviv für Kunst- und Museumsfreunde

Leumi, jedoch geht es in diesem Ausstellungshaus direkt am Meer v. a. um die Schlacht um Jaffa.

30 Palmach Museum, 10 R. Haim Levanon, Tel. 03 5459800, www.palmach.org.il, keine festen Öffnungszeiten – ein Besuch muss im Vorfeld angemeldet werden, Eintritt 30 NIS, ermäßigt 15 NIS. Palmach ist ein hebräisches Akronym für Pelugot HaMahatz, eine Art militärische Spezialeinheit, die 1941 gegründet wurde, als man einen deutschen Einmarsch nach Palästina fürchtete, und die auch den Briten unerbittlich die Stirn bot. Zu sehen sind innovativ aufgearbeitete Zeitzeugnisse, auch in Form von Dokumentarfilmen und anderen Multimediaformaten.

31 [C7] **Rubin Museum,** 14 R. Bialik, Tel. 03 5255961, www.rubinmuseum.org.il, Mo, Mi-Fr 10-15, Di 10-20, Sa 11-14 Uhr, Eintritt 20 NIS, ermäßigt 10 NIS. In einer permanenten Ausstellung werden Bilder und Zeichnungen des international bekannten Malers Reuven Rubin (1893-1974) gezeigt. Seine Malerei – anfänglich von Henri Rousseau beeinflusst – zeigt seine Liebe zu Israel sowie zur jüdischen Kultur und Religion. Das Museum befindet sich im ehemaligen Haus des Künstlers und viele private Gegenstände vermitteln den Eindruck, als hätte Rubin das Haus gerade erst verlassen.

19 [F5] **Tel Aviv Museum of Art.** Das Tel Aviv Museum of Art ist vielleicht das namhafteste Kunstmuseum des ganzen Landes und verfügt neben zeitlich begrenzten Ausstellungen über eine einmalige permanente Sammlung mit Werken von Pablo Picasso, Joan Miró, Gustav Klimt, Wassily Kandinsky, Roy Lichtenstein u. v. a. (s. S. 39).

32 The Yitzhak Rabin Center, 8 R. Haim Levanon, Tel. 03 7453313, www.rabincenter.org.il, So, Mo, Mi, Do 9-15.30, Di

Interesse an Design? – Auf nach Holon!

Von Jaffa ist es mit dem Bus – Buslinien fahren z. B. von der Sderot Yerushalayim [C13] ab – nur noch ein Katzensprung nach Holon. Besucher verschlägt es in diesen vor allem von orientalischen Juden bewohnten, südöstlichen Nachbarort Tel Avivs speziell wegen des hier befindlichen, wirklich äußerst sehenswerten Design Museums.

In dem extravaganten, von Ron Arad entworfenen und 2010 eröffneten Gebäude mit seiner futuristischen, roten Fassade widmet man wechselnde Ausstellungen dem Thema Design in seinen unterschiedlichsten Formen.

Das mag unspektakulär klingen, doch die primären Ziele des Design Museum Holon sind es, nicht nur Kunstschaffende zu inspirieren, sondern auch zu hinterfragen, welche Rolle das Thema Design in unserem Leben spielt und wie es die breite Öffentlichkeit beeinflusst. Aufgrund der zeitgemäßen Konzeption der Ausstellungen wird das Design Museum immer wieder als eines der besten Israels bezeichnet.

Angeschlossen an das Museum ist das Holon Institute of Technology, eine Mediathek zum Thema Design sowie das National Israeli Cartoon Museum.

33 Design Museum Holon, 8 Rehov Pinchas Eylon, Haltestelle Design Museum, Bus 3, 11, 71, 89, 99, Tel. 073 2151515, www.dmh.org.il, Mo/Mi 10-16, Di/Sa 10-20, Do 10-18, Fr 10-14 Uhr, Eintritt 45 NIS, ermäßigt 25 NIS. Für einen Besuch sollte man etwa zwei Stunden einplanen.

Tel Aviv für Kunst- und Museumsfreunde

9–17.30 Uhr, Eintritt 60 NIS, ermäßigt 35 NIS. Im Yitzhak Rabin Center erfährt man reichlich Interessantes aus dem Leben des ehemaligen Premierministers und Friedensnobelpreisträgers Yitzhak Rabin sowie in einer Sonderausstellung etwas zur sog. Operation Yonatan, bei der 1976 der Geheimdienst Mossad und die IDF israelische Geiseln am Flughafen von Entebbe in Uganda befreiten.

🏛34 [A12] **Uri Geller Museum,** 7 R. Mazal Arieh, Tel. 03 7281111, https://urigellermuseum.com, Besuch nach vorheriger Anmeldung und nur in Gruppen, Eintritt 45 NIS. Der 1946 in Tel Aviv geborene Uri Geller gilt als Mentalist und ist einer der berühmtesten Magier der Welt. In seinem Museum sieht man neben zahlreichen Stücken aus seinen Shows (verbogene Löffel gibt es im Überfluss) auch Kunstgegenstände sowie eine archäologische Ausstellung der alten Seifenfabrik, die bei der Renovierung des Gebäudes entdeckt wurde.

Kunstgalerien

Mit über 40 Kunstgalerien kann man Tel Aviv ganz und gar als innovative Kunstmetropole bezeichnen. Wer also Lust hat, einen Blick über den gewöhnlichen Museumstellerrand zu werfen, der wird bei den folgenden Adressen sicher nicht enttäuscht. Eine erste Anlaufstelle könnte die **Rehov Gordon** [C/D5] sein, wo sich zahlreiche Ausstellungshäuser wie Nelly Aman & Engel (Nr. 26), Sara Erman (Nr. 29), Givon Art Gallery (Nr. 39) oder die unten erwähnte fantastische Stern Gallery befinden. Noch mehr Informationen erhält man über die Art Galleries Map, die es kostenlos bei der Touristeninformation (s. S. 106) gibt. Die Öffnungszeiten der Galerien variieren nicht selten, daher ist ein Anruf nie verkehrt.

🏛35 [A12] **Chelouche Gallery,** 4 R. Mazal Te'omim, www.chelouchegallery.com, Tel. 03 6200069. Die Chelouche Gallery ist eine der namhaftesten Galerien Israels. Sie zeigt Gemälde, Einrichtungsgegenstände sowie Skulpturen und jegliche Art von Kunstobjekten zeitgenössischer Künstler.

🏛36 [D9] **Gallery 32,** 32 R. Ahad Ha'am, Tel. 03 5091492. In diesem sehenswerten Bauhausgebäude werden vor allem großformatige Bilder und Skulpturen zeitgenössischer Künstler ausgestellt.

🏛37 [E12] **Litvak Gallery,** 3 R. Shvil HaMifal, Tel. 03 7163897, www.litvak.com. In der Litvak Gallery mit ihrem 800 m² großen Showroom im 23. Stock des Museum Tower hat man sich auf Kunstobjekte aus Glas spezialisiert.

🏛38 [C5] **Stern Gallery,** 30 R. Gordon, Tel. 03 5246303, https://sterngallery.art. Bilder zu den Themen Israel und Judaica, darunter namhafter israelischer Maler wie Gad Hadar, Gidanian Nava, Haller Gil und Barak Dorit.

🏛39 [E9] **Urban Gallery,** 51 Sderot Rothschild, Tel. 03 5244110. Hier gibt es Bilder israelischer (z. B. Menashe Kadishman) und internationaler Künstler zu sehen.

> **MEIN TIPP**
>
> ### Kunst aus der Dose
> Tel Aviv hat eine lebendige Graffitiszene und es macht Spaß, die Stadt auf der Suche nach diesen urbanen Kunstwerken zu durchforsten – z. B. im Ortsteil Florentin ⓯. Wer dabei Unterstützung in Form einer Führung in Anspruch nehmen möchte oder sogar selbst an einem Workshop im Sprühen teilnehmen will, kann sich an das Künstlerkollektiv Grafitiyul wenden.
>
> › **Grafitiyul,** Tel. 03 7219360 oder 055 6638970, www.grafitiyul.co.il

Tel Aviv für Genießer

Essen und Trinken

Schon lange ist die Metropole am Mittelmeer als Gastronomiehauptstadt des Nahen Ostens berühmt. Wer sich mit etwas Hunger auf den Weg macht, der findet wahrhaftig Köstliches und das erfreulicherweise nicht ausschließlich zu Höchstpreisen!

Tel Aviv verfügt über eine erstaunlich **vielfältige Lokalszene**, zu der eine große Anzahl an coolen, aber durchaus auch besinnlichen **Cafés** gehören, in denen man sich auf einen Cappuccino *(kafé hafuch)* oder (am Wochenende) zu einem ausgiebigen Brunch einfinden kann. Für ihre Gaumenfreuden auch über die Grenzen der Stadt bekannt sind aber in erster Linie die **Imbissstände** und die **Misada'ot Mizrahi'ot** genannten Restaurants, die die „Nationalgerichte" *Falafel, Shawarma, Hummus, Tahina* und häufig auch ausgefallenere Leckerbissen anbieten. Bei einem solchen *Misada Mizrahit* handelt es sich um bei Einheimischen und Fremden gleichermaßen populäre **Fastfoodlokale**, in denen es authentische Leckerbissen der lokalen Küche gibt. Zwar geht es dort meist recht unkompliziert und einfach zu und nicht alle diese Etablissements verfügen über Sitzgelegenheiten, doch diese Art des Schlemmens ist nun mal typisch israelisch.

Wem die Cafés zu gediegen und *Falafel* zu schwer sind, dem sei an dieser Stelle versichert, dass Tel Aviv weit mehr kann. Ganz besonders muss dabei das breite Angebot an **internationalen Restaurants** erwähnt werden, deren Betreiber in der Regel noch versuchen, eine ganz eigene Note in die jeweilige Landesküche einzubringen.

Essen zu gehen ist in Tel Aviv etwas teurer als durchschnittlich in mitteleuropäischen Städten. Günstiger ist es natürlich bei den angesprochenen Imbissständen oder häufig zur Mittagszeit, denn dann werden hier und da **Mittagsmenüs** zu vernünftigen Fixpreisen angeboten. In

Tel Aviv für Genießer

allen Lokalen sollte man immer ein **Trinkgeld** – etwa 10 bis 15 % – geben, denn ansonsten bekundet man, dass der Service miserabel war und wird nicht selten darauf ganz direkt von der Bedienung angesprochen. Wer mit Kreditkarte zahlt, kann bei der Frage nach der Rechnung bereits den entsprechenden Prozentsatz mitangeben. Mittags haben die meisten Restaurants von 11 bis 15 Uhr und abends ab 19 Uhr bis meist spät in die Nacht **geöffnet**. Am Shabbat (s. S. 112) haben viele Lokale geschlossen.

Getränke

Das **Leitungswasser** ist genießbar und nicht von schlechter Qualität, schmeckt aber nicht besonders. In Restaurants bekommt man meist gefiltertes Wasser oder Mineralwasser in Flaschen. Typische nicht-alkoholische Getränke sind die zahlreichen **Fruchtsäfte** (s. S. 70) und die frische **Minzlimonade** namens *lemonana*. Die beliebteste lokale **Biermarke** ist Goldstar und auch die **Weine** – speziell die aus dem Norden – sind in der Regel vorzüglich. Beliebt ist auch der **Arak**, ein hochprozentiger Anissschnaps ähnlich dem Ouzo oder Rakı, den man pur, auf Eis oder mit Wasser verdünnt genießt.

Die Küche(n) Israels

Eine unabhängige, traditionelle israelische Küche hat es im Wortsinn eigentlich noch nie gegeben, denn was kann man in einem Einwanderungsland wie Israel schon als typisch bezeichnen? Die Spezialitäten sind in den meisten Fällen äußerst lebendige **Mischungen aus diversen kulinarischen Traditionen** der verschiedenen Migranten. Die beliebtesten Gerichte entstammen aber der **sefardisch-orientalischen Küche**, also Einflüssen der Einwanderer aus Spanien, Griechenland, der Türkei, Marokko, Tunesien, dem Jemen, dem Irak oder anderer orientalischer Länder.

Das namhafteste israelische Gericht sind ohne Zweifel **Falafel**, frittierte Bällchen aus pürierten Kichererbsen, Kräutern und Gewürzen, die v. a. mit *Tahina* (Sesamsoße) oder *Hummus* (einem kremigen Kichererbsenpüree mit Zitronensaft und etwas Knoblauch) und verschiedenen eingelegten oder gebratenen Gemüsen wie *Kruv Kavush* (eingelegter Kohl), Essiggurken, *Pilpel BaGril* (gegrillter Paprika) oder *Khatsilim Kvushim* (eingelegte Auberginen) und Pita, einem dünnen Fladenbrot, beliebt sind. Als Imbiss auf die Hand isst man Falafel in einer aufgeklappten Pita als Sandwich mit Salat und *Tchips* (Pommes Frites) oder den ursprünglich aus dem Irak stammenden, *Sabich* genannten, vegetarischen „Burger", bei dem in der Pita *Hummus*, *Khatsilim Metuganim* (gebratene Auberginen), ein geröstetes Ei sowie die köstliche Mangosoße *Amba* zusammen eine raffinierte Geschmackskombination ergeben.

Fans karnivorer Kost werden **Shawarma** lieben, das dem geschabten Fleisch vom Döner Kebab ähnelt (vorrangig von der Pute) und ebenfalls in der Pita serviert, z. B. mit der scharfen Chilisoße *Skhug*, beliebt ist. Ebenfalls nicht verpassen sollte man die *Shipudim* oder *Shishlikim* genannten Schaschlikspieße vom Grill, *Ktzitzot* (Hackfleischbällchen, gekocht oder vom Grill), gefüllte Hühnchen oder

◁ *Das „Gold" Tel Avivs –*
das Kichererbsenpüree Hummus
ist überall beliebt

Tel Aviv für Genießer

KURZ & KNAPP
Koscher und Kaschrut
Gläubige Juden folgen den **Kaschrut** genannten **Speisegesetzen**, die klare Vorschriften für die Zubereitung und den Genuss von Speisen und Getränken geben und ihr Fundament in der Tora, den fünf Büchern Moses, haben. Folgende Aspekte sind für die Kaschrut grundlegend: Erstens wird zwischen für den Verzehr erlaubten (jiddisch: „koscher", hebräisch: כשר) und nicht erlaubten (jiddisch: „*nicht-koscher*" oder „*treife*") Tieren unterschieden. Zweitens gibt es das Verbot des Blutgenusses, wonach das (koschere) Tier geschächtet werden muss, damit sein Blut möglichst vollständig herausfließt. Ebenso ist das (koschere) Fleisch vor der Zubereitung zu wässern, zu salzen und zu spülen, um das im Fleisch verbliebene Blut weitgehend zu minimieren. Drittens gibt es die Aufteilung in „fleischige" („*basari*"), „milchige" („*chalawi*") und „neutrale" („*parve*") Lebensmittel. Trotz aller Regeln sind koschere Restaurants wie z. B. das Shmulik Cohen (s. S. 69) in Tel Aviv noch in der Minderzahl.

Tauben, Lammkoteletts oder Fisch (aus dem Mittelmeer, aber auch aus dem See Genezareth) und natürlich die traumhaften Schnitzel (meist aus Pute oder Hühnerfleisch), die von Emigranten aus Wien in die lokale Küche eingebracht wurden. Dazu sei zu sagen, dass man Spezialitäten der **aschkenasischen Küche**, also der Küche jüdischer Einwanderer aus Mittel- und Osteuropa, grundsätzlich nur selten in Restaurants in Tel Aviv kredenzt bekommt. Am ehesten findet man wohl Gefilte Fisch (kalter Fisch in geliertem Sud), gehackte Leber, *Kischke* (eine Art grobe Leberwurst), Borschtsch (eine kalte Suppe aus roten Rüben), Gulasch, *Tschulent* (Eintopf aus Fleisch, Bohnen, Kartoffeln usw.) und Piroggen (gefüllte Teigtaschen).

Ein echtes Potpourri praktisch aller Einflüsse ist das **israelische Frühstück**, bei dem Eier in den verschiedensten Zubereitungsarten (z. B. *Shakshuka* – gebratene Eier in Tomatensauce), Salate wie *Salat Tuna* (Thunfischsalat), *Salat Israeli* (Salat aus Tomaten, Paprika, Zwiebeln und Petersilie) oder *Madbucha* (marokkanischer Salat), *Malawach* (eine Art dicker, frittierter Pfannkuchen), *Dshachnun* (eine gebackene Teigrolle), viele Milchprodukte wie Frischkäse (Israelis lieben den locker-cremigen Hüttenkäse), Joghurt, Quark und natürlich frisches Obst beliebt sind.

Empfehlenswerte Lokale

Toplokale
Hier zahlt man meist kräftig, allerdings für gute Qualität, ordentliche Portionen und hervorragenden Service. Doch auch hier gibt es ab und zu Menüs zu Fixpreisen.

40 [C7] **Bar 51** €€-€€€, 59 R. HaYarkon, www.bar51tlv.com, Tel. 03 5406680.

Tel Aviv für Genießer

In erster Linie gilt die Bar 51 als Weinlokal mit einer großen Auswahl israelischer und internationaler Rebsaftsorten. Aber Chefkoch Moshiko Gamlieli kredenzt hier auch wahre Leckerbissen und zwar sowohl für den kleinen als auch den großen Hunger.

41 [G7] **Claro** €€, 23 R. HaArba'a/R. Rav Aluf David Elazar, Tel. 03 6017777, www.clarotlv.com. In einem ehemaligen Templerhaus mitten in Sarona ⑰ ist dieses gastronomische Eldorado von Starkoch Ran Shmueli untergebracht. Die Küche bietet eine Mischung verschiedenster mediterraner Einflüsse, die Fischgerichte sind etwas ganz Besonderes. Insbesondere am Wochenende zum Brunchen beliebt.

42 [C10] **Dallal** €€-€€€, 10 R. Shalom Shabazi, Tel. 03 5109292, http://dallal.co.il. Das Dallal ist mehr als ein orientalisches 08/15-Restaurant, es ist ein wahres Gastronomieerlebnis. Fleisch und Fisch sollten ganz oben auf der Wunschliste stehen und zur Einstimmung empfiehlt sich ein Aperitif an der prächtigen Bar.

43 [D10] **Herzl 16** €€-€€€, 16 R. Herzl, www.herzl16.co.il, Tel. 03 5544300. Trendiges Zwischending aus Café, Bar und Restaurant. Serviert werden kreative, international angehauchte Speisen mit ständig wechselnden Tagesgerichten.

44 [G7] **Messa** €€€, 19 R. Ha'Arba'a, Tel. 03 6856859, https://messa.co.il. Möglicherweise das weltweit einzige Fusion-Restaurant, in dem provenzalische und kurdische Einflüsse verschmelzen. Das Messa zählt zu den beliebtesten Spitzenlokalen der Stadt und die hohe Qualität der Speisen ist ihren Preis definitiv wert.

◁ *Shawarma, die örtliche Variante des Döner Kebab*

Preiskategorien
Angaben für ein Hauptgericht pro Person ohne Getränk:
€   bis 50 NIS (bis 14 €)
€€   50–125 NIS (14–35 €)
€€€   über 125 NIS (über 35 €)

45 [D9] **North Abraxass** €€€, 40 R. Lilienblum, Tel. 03 5166660, https://northabraxas.com. Starkoch Eyal Shani ist bekannt für seine unkonventionellen, simplen, aber ungemein schmackhaften Kreationen – Tomaten sind Trumpf. Die hohen Preise sind bei der Qualität durchaus gerechtfertigt. Die angeschlossene Bar ist seit vielen Jahren ein beliebter Nightlife-Spot (ab 20 Uhr).

46 [E10] **Opa** €€€, 8 R. HaHalutsim, Tel. 052 5838245, www.opatlv.co.il. Was Chefköchin Shirel Berger hier präsentiert, ist wirklich ganz großes „Gastro-Kino". Die fantasievoll kreierten Gerichte sind ein Fest für die Sinne und sind dabei ausschließlich vegan.

47 [F7] **Pop and Pope** €€€, 28 R. HaArba'a, www.popandpope.com, Tel. 03 7595000. Nein, günstig ist das Pop and Pope tatsächlich nicht. Aber die einmalige Aussicht aus dem 14. Stock des HaArba'a Towers und die international geprägte Küche machen das Lokal zu einem der In-Plätze der Stadt. Reservierung unbedingt erforderlich.

48 [E10] **Seatara** €€-€€€, Sea and Sun Beach, Tel. 03 6996633, www.seatara.co.il. Wenn es um das Panorama geht, können es nur wenige Lokale in Tel Aviv mit dem Seatara aufnehmen. Über der Bucht im Stadtteil Ramat Aviv mit Blick aufs dunkle Blau, ist dies der perfekte Ort für ein klassisches Candle-Light-Dinner. Die Küche bietet eine Mischung mediterraner Spezialitäten sowie eine reiche Auswahl an Cocktails. Am Wochenende sehr beliebt, daher unbedingt reservieren.

49 [C4] **Shila** €€€, 182 R. Ben-Yehuda, Tel. 03 5221224, http://en.shila-rest.co.il. An der lebendigen Rehov Ben-Yehuda liegt dieses elegante Bistro mit seiner großen Fensterfront. Serviert wird gehobene mediterrane Küche – bloß nicht das Fischtatar verpassen!

50 [F5] **Toto** €€€, 4 R. Berkovich, Tel. 03 6935151, https://toto-rest.co.il. Bei Toto handelt es sich um ein äußerst populäres Restaurant im Osten der Innenstadt, in dem Chefkoch Yaron Shalev ausgezeichnete mediterrane Spezialitäten kredenzt.

51 [C11] **Vicky Cristina** €€-€€€, HaTachana, Tel. 03 7367272, www.vicky-cristina.co.il. In Anlehnung an Woody Allens Film „Vicky Cristina Barcelona" bietet dieses wunderschöne Lokal spanische Weine und Tapas in Bestform. Inmitten des alten Bahnhofareals HaTachana ⓭ sitzt man hier im Wintergarten oder auf der Terrasse in einer Umgebung, die an Antoni Gaudís Parc Güell erinnert. Einfach *muy español, ¡olé!*

Israelisch-orientalische Küche

In den folgenden Etablissements wird man fündig, wenn es um israelisch-orientalische Spezialitäten gehen soll.

52 [D6] **Anastasia** €€, 54 R. Frishman, Tel. 03 5290095, www.anastasiatlv.co.il. Typisch israelisch für Veganer? Im Anastasia kein Problem! Ob Shakshuka, Omelett, Pancake oder sogar üppige Nachspeisen, es geht auch ohne tierische Zutaten! Auch ein nettes Café gibt es hier.

53 [E9] **Café Noir** €-€€, 43 R. Ahad Ha'am, Tel. 03 5663018, http://en.cafenoir.co.il. So ziemlich jedem Tel Avivi fällt zum Café Noir unweigerlich das Thema Schnitzel ein und tatsächlich gibt es hier in diesem, einem Bistro nachempfundenen Lokal zweifellos die besten der Stadt (vom Huhn, Kalb oder Schwein)!

54 [C5] **Goocha** €-€€, 171 R. Meir Dizengoff, www.goocha.co.il, Tel. 03 5222886. Das Goocha ist in der ganzen Stadt wegen seiner wirklich außerordentlich deliziösen Fisch- und Meeresfrüchtegerichte bekannt, aber auch Fans von „Surf and Turf" werden hier zufriedengestellt.

55 [E6] **Ha'Achim** €€, 26 R. Ibn Gabirol, Tel. 03 6917171, www.haachim.co.il. Die *Ha'Achim* (dt. Brüder) Yotam und Asaf kombinieren hier traditionelle israelische Küche – das Hauptaugenmerk sollte auf gegrilltem Fleisch liegen – mit einem Hang zum Exklusiven. Ein idealer Ort, um Typisches mit Pfiff in angenehmer Atmosphäre zu probieren.

56 [B12] **Haj Kahil** €€, 18 R. David Raziel, Tel. 03 5188866. Als authentischstes Restaurant Jaffas bezeichnet sich das Haj Kahil gerne selbst und die hier gebotene arabische Küche – als Vorspeise gibt es eine umfassende Salatauswahl – ist wirklich etwas Besonderes. Die ausgesprochene Spezialität ist übrigens die Lammschulter.

57 [C8] **HaMitbahon** €-€€, 18 R. Rabbi Akiba, https://hamitbahon.co.il, Tel. 03 5163689. Highlights der orientalischen Küche und das in Hausmannskostqualität – ob für Hauptgerichte, Salate oder Suppen, ein Besuch im HaMitbahon macht mit großem oder kleinem Hunger Spaß.

58 [C8] **HaZaken ve HaYam** €, 85 R. Kedem, Tel. 03 6818699, https://hazakenvehayam.co.il. Keine Frage, im HaZaken ve HaYam (Hebräisch für „der Alte (Mann) und das Meer") isst das Auge mit: einmal wegen der wunderschönen Lage des Lokals mit Blick aufs Meer und zweitens wegen der wirklich einzigartigen Fisch- und Meeresfrüchtegerichte sowie der üppigen Vorspeisenauswahl (kostenlos, wenn man auch Hauptspeisen bestellt). Eine Filiale findet sich im Namal Yafo ㉜.

Tel Aviv für Genießer

> **MEIN TIPP**
>
> ### Hedonisten bevorzugt!
> Etwas speziell geht es bei Chefkoch Eyal Shani schon zu, denn in seinem HaSalon genannten **Showrestaurant** in einer alten Werkstatt dampft und brutzelt es in der offenen Küche vor den Augen des Gastes. Verarbeitet werden nur frische Zutaten von Fisch über Fleisch bis zu allerlei Gemüse. Ab etwa 22 Uhr steigt dann die Lautstärke der Musik und das Lokal wird zum Inbegriff der gastronomisch inspirierten Lebensfreude. Wirklich großartig ist das am Tisch frisch geklopfte Carpaccio und wer nicht weiß, was er nehmen soll, macht mit dem Degustationsmenü nichts verkehrt.
> **66 HaSalon** €€€, 8 Ma'avar Yabuk, Tel. 052 7035888, https://hasalontlv.com, nur Mi und Do geöffnet. Nur mit Reservierung!

59 [D6] **La-Shuk** €€–€€€, 92 R. Dizengoff, Tel. 03 6033117, http://en.la-shuk.co.il. Junges Ambiente, freundlicher Service und marktfrische Zutaten machen dieses Lokal unweit des Kikar Dizengoff zu einem seit Langem beliebten Lokal inmitten des Zentrums. Auf der Karte stehen interessante Varianten lokaler Spezialitäten gepaart mit mediterranem Einfluss.

60 [B10] **Manta Ray** €€€, Alma Beach, Tel. 03 5174774, http://mantaray.co.il. Beliebtes Restaurant, in dem man neben Fisch und Meeresfrüchten (Austern oder Bouillabaisse gehören hier zu den Spezialitäten) wunderbar leichte Vorspeisen, frische Salate und ein beispiellos knuspriges Brot bekommt.

61 [D9] **Santa Katarina** €€, 2 R. Har Sinai, www.santakatarina.com, Tel. 058 7820292. Im Hinterhof der Großen Synagoge der Stadt liegt dieses angesagte Lokal, in dem man in relaxter Atmosphäre eine beachtliche Auswahl an Drinks und saisonal wechselnden Gerichten bekommt.

62 [C10] **Suzanna** €–€€, 9 R. Shalom Shabazi, Tel. 03 5177580. In Neve Tsedek gelegen, bietet dieses fabelhafte Lokal mit seinem angenehm ruhigen Gastgarten eine entspannte Atmosphäre – das begeisterte Stammpublikum is(s)t nicht umsonst hier. Versäumen Sie nicht die berühmte *kubbeh soup* (Suppe mit Hackfleisch-Bulgur-Bällchen).

63 [D8] **Tchernihovski 6** €€–€€€, 5 R. Tchernihovski, Tel. 03 6208729, https://tchernihovsky6.co.il. In unmittelbarer Nähe des entspannenden Gan Meir Park befindet sich dieses nette, erfrischend unkonventionelle Bistro mit mediterraner Meeresküche. Wer keinen Hunger hat, kann auch nur auf einen Kaffee einkehren.

In Tel Aviv kocht die Welt
Genug von Hummus und Falafel? Dann gibt's hier ein paar Adressen von Lokalen, die einen geschmacklich weit weit weg vom „Gelobten Land" führen.

64 [G7] **A** €€–€€€, 121 Derech Menachem Begin (im Azrieli Sarona Tower), Tel. 074 7588818. Spezialitäten aus Asien mit einem Hang zur Fusion-Küche gibt es in diesem modern gestylten Lokal. Ins A verschlägt es wegen der hervorragenden Küche gleichermaßen in- wie ausländische Stäbchenfetischisten.

65 [C8] **Baba Yaga** €€, 12 R. HaYarkon, Tel. 03 5175179, www.babayaga.co.il. Bei Baba Yaga ist ein Rundumerlebnis sicher! Zu dem russischem Essen finden häufig Musik- und Kulturdarbietungen statt.

> **Gastro- und Nightlife-Areale**
> Bläulich hervorgehobene Bereiche in den Karten kennzeichnen Gebiete mit einem dichten Angebot an Restaurants, Bars, Clubs, Discos etc.

Tel Aviv für Genießer

114tv Abb.: dk

67 [C3] **Benedict (1)** €-€€, 171 R. Ben-Yehuda, Tel. 03 6868657. Das stylische Benedict ist einem amerikanischen *deli* nachempfunden und bietet sieben Tage die Woche rund um die Uhr Frühstück in allen erdenklichen Variationen. Filialen im Sarona Market (s. S. 82) und

68 [D9] **Benedict (2),** 29 Sderot Rothschild

69 [C2] **FU Sushi** €€€, 302 R. Meir Dizengoff, Tel. 03 6051000, http://en.fusushi.co.il. Wer elegant japanisch speisen möchte, der macht hier nichts falsch. Wenn es um kreative Sushi und Sashimi geht, gilt das FU Sushi als beste Adresse in ganz Israel.

70 [C12] **Gemma** €€, 14 R. Tirza, Tel. 03 6058276, https://gemma.co.il. Ob Pasta, Risotto oder *dolce,* das Gemma ist der ideale Ort für Momente à la Bella Italia. Die Pizza gilt vielen sogar als die beste der Stadt!

71 [F9] **Magazzino** €€, 21 Derech Menachem Begin, Tel. 03 7570535, facebook.com/magazzinotlv. Neben der leckeren italienischen Hausmannskost (Pasta und Pizza werden empfohlen) liebt man das Magazzino vor allem wegen seiner unkonventionellen, ja geradezu familiären Atmosphäre und seiner schlichtweg sensationellen Desserts.

72 [E5] **Meat Bar** €€-€€€, 52 Sderot Chen, Tel. 03 6956276, https://meatbar.co.il. Man kann die Meat Bar getrost als *das* Steak-Restaurant der Stadt bezeichnen, denn Premiumfleischiges kann wirklich niemand in Tel Aviv besser – egal ob Tenderloin-, Filet- oder T-Bone-Steak. Und sogar die Fritten schmecken hier einfach suchtverdächtig!

Frühstück rund um die Uhr? Bei Benedict kein Problem!

MEINE TIPPS

Lokale mit guter Aussicht
Wer mit Weitblick speisen möchte, dem seien die Restaurants entlang der Strandpromenade Tayelet wie das **Manta Ray** (s. S. 67) und das **Seatara** (s. S. 65) oder Lokale im alten Hafen Namal empfohlen. Inmitten der Großstadtkulisse speist man im **Pop and Pope** (s. S. 65) mit Blick aus dem 14. Stock des HaArba'a Towers.

Lecker vegan
Wo Fitness und Gesundheit so groß geschrieben werden wie in Tel Aviv, ist natürlich auch Ernährung ein Thema. Vegetarische Gerichte wie Hummus, Salat Khatsilim (Auberginensalat) oder Falafel gab es schon immer an fast jeder Ecke. Spätestens seit die amerikanische Zeitschrift „The Daily Meal" die Stadt 2015 zur Topadresse für Veganer erkoren hat, finden sich auf praktisch allen Speisekarten auch Gerichte ohne Fleisch und tierische Produkte. Rein vegane Restaurants sind z. B. das **Opa** (s. S. 65), das **Anastasia** (s. S. 66), das **Tenat** (s. S. 69) und das **Meshek Barzilay** (s. S. 70). Bio-Lebensmittel kauft man am besten bei **Teva Castel** (s. S. 83).

Tel Aviv für Genießer

Ein Hauch von Indien

Für viele junge Israelis ist eine mehrmonatige Rucksacktour nach Abschluss des Militärdienstes – für Männer drei, für Frauen zwei Jahre – obligatorisch. Ganz oben auf der Beliebtheitsskala dieser sogenannten *Masa' Tarmilaim* stehen Indien und Nepal. Kein Wunder, dass Typisches vom Subkontinent wie Yoga, Meditation, aber auch die stark gewürzten Currys eine rege Fangemeinde haben. In Tel Aviv gibt es mehrere Adressen, wo bei einer Thali – einer Platte mit verschiedenen vegetarischen Speisen – das Reiseflair wieder aufgefrischt werden kann.

81 [F10] **Gorkha Kitchen** €, 16 R. Rosh Pina, Tel. 053 8851222. Ganz im Südosten der Stadt liegt dieses entspannte nepalesisch-indische Lokal, in dem man schlemmen und von der Ferne träumen kann.

82 [E6] **Indira** €€, 4 Sderot Sha'ul HaMelekh, www.indira.co.il, Tel. 03 6954437. Im Osten der Innenstadt befindet sich dieses indische Restaurant. Ganz besonders empfehlenswert sind das *tandoori chicken*, das *butter chicken* sowie die diversen vegetarischen Currys!

83 [D9] **Ma Pau** €–€€, 59 R. Nachalat Binyamin, Tel. 03 7739797, https://mapau.co.il. Streetfood aus Mumbai gibt es in diesem angesagten Lokal im Nightlife-Viertel der Rehov Nachalat Binyamin.

73 [D7] **Moon** €€€, 58 R. Bograshov, Tel. 03 6291155, https://moon-sushi.co.il. Sushi, Sashimi und andere japanische Spitzenkreationen in Bestform. Im Moon wird Authentizität ganz groß geschrieben.

74 [D9] **Shishko** €€, 2 R. Har Sinai, Tel. 073 7590937, https://shishko.co.il. Als einziges bulgarisches Lokal der Stadt ist das Shishko ein echter Exot und daher äußerst beliebt. Besonders empfehlenswert ist z. B. der mit Kashkaval-Käse gefüllte Kebab.

75 [E12] **Shmulik Cohen** €€, 146 R. Herzl, Tel. 03 6810222, https://scrdeli.com. In diesem Kleinod osteuropäisch-jüdischer Küche findet man sie noch, die koscheren Spezialitäten wie aus Omas Kochtopf: Gefilte Fisch, *Kreplach* oder *Kischke*, es wird garantiert ein Erlebnis!

76 [E9] **Taqueria** €€, 28 R. Levontin, Tel. 03 6005280, www.taqueria.co.il. Ob Burritos, Quesadillas oder Tacos, in der Taqueria geht es garantiert mexikanisch zu! Reservierung empfohlen.

77 [E10] **Tenat** €, 27 R. Chlenov, Tel. 03 5222829. Äthiopische Küche in Bestform und dazu garantiert 100 % vegan gibt es hier im Südwesten der Stadt! Man isst mit den Händen Gemüseeintöpfe von großen Platten. Dazu gibt es das gesäuerte Injera-Brot. Äußerst herzliche Bedienung.

78 [C6] **Thai House** €€, 8 R. Bograshov, Tel. 03 5178568, www.thai-house.co.il. Wem es nach einem grünen Thai-Curry, einer scharfsauren Tomyam-Suppe oder einem fruchtigen Garnelensalat lüstet, der ist im Thai House goldrichtig.

79 [D9] **Vong** €€, 15 Sderot Rothschild, Tel. 03 6337171, www.vong.co.il. Mitten auf der Sderot Rothschild befindet sich dieses grandiose vietnamesische Restaurant. Empfohlen werden die Rindfleischsuppe Pho oder die fantastisch frischen Sommerrollen!

Der Snack für zwischendurch

Tel Aviv verfügt auch über unzählige Lokale, in denen man schnell den kleinen Hunger stillen kann.

80 [C8] **Banin Jonny**, 4, Tel. 03 5255434, R. Tchernihovski. Man kann sich streiten, wo es das beste Hummus und die besten Falafel der Stadt gibt, doch bei Banin Jonny ist man sicherlich ganz vorne dabei, wenn es um die Top-

Ten-Liste geht. Nebenan gibt es außerdem großartige Sabich-Sandwiches.

84 [E6] **Frank's**, 23 R. Ibn Gabirol, www.franks.co.il. An dieser Imbissstube gibt es sagenhaft gute Hotdogs und allerlei Würstchen, die sich auch bei Nachteulen größter Beliebtheit erfreuen, denn man kann hier bis in die frühen Morgenstunden essen. Filialen gibt es an mehreren Stellen in der Stadt.

85 [D6] **HaKosem**, 1 Shlomo HaMelekh, Tel. 03 5252033. Perfekt für einen kleinen Snack, z. B. auf dem Weg vom oder zum Strand. Ob Hummus, Falafel, Salate oder vieles mehr: Alles, was „der Zauberer" (dt. für HaKosem) zubereitet, ist köstlich.

86 [D9] **Meshek Barzilay**, 6 R. Ahad Ha'am, www.meshekbarzilay.co.il, Tel. 03 5166329. Ein Café mit ausschließlich vegetarischen und veganen Gerichten inmitten des Stadtteils Neve Tsedek. Auch ideal für Personen mit Milchallergie oder Laktoseintoleranz.

87 [E6] **Miznon**, 23 R. Ibn Gabirol, Tel. 03 7168977, https://miznon.com. „Pita-Sandwich neu erfunden" beschreibt dieses gastronomische Projekt des Starkochs Eyal Shani wohl am besten. Es gibt zahllose Variationen mit Fleisch oder vegetarischen Zutaten. Besonders beliebt sind der geröstete Blumenkohl und das Ratatouille-Sandwich.

Mein Tipp

Bereit für die Mitz-Wahl?

Man muss in Tel Aviv selten weit gehen, um ein Geschäft zu finden, das üppig mit frischem Obst ausstaffiert oder behängt ist. Es handelt sich dabei um **Saftbars**, denn die Israelis sind verrückt nach ihren Vitamindrinks. Wer einen frisch gepressten Saft (auf Hebräisch „Mitz" genannt) möchte, hat nur die Qual der Wahl, aus welchen Obstsorten dieser bestehen soll. Wie wäre es mit einem „Mitz Tapusim" (Orangensaft), „Mitz Eshkoliyot" (Grapefruitsaft), „Mitz Banana" (Bananensaft), „Mitz Ananas" (Ananassaft) oder einem „Mitz Rimonim" (Granatapfelsaft)?

014tv Abb.: dk

❼**88** [E6] **Vitrina**, 36 R. Ibn Gabirol, Tel. 03 6960304. Weltklasseburger, Hotdogs aus einer breiten Auswahl an Würstchen und die vielleicht besten Pommes der Stadt (mit darüber geraspelter Zitronenschale), gibt es in diesem kleinen, aber immer vollen Laden. Filiale:
❼**89** [D9] **Vitrina Lili**, 40 R. Lilienblum
❼**90** [F7] **Tony Vespa (1)**, 8 R. HaArba'a, Tel. 03 5424730, https://tonyvespa.co.il. An dieser Imbissbude gibt es ausgesprochen knusprig-schmackhafte Pizza auf die Hand. Filiale:
❼**91** [E7] **Tony Vespa (2)**, 140 Sderot Rothschild

Cafés und Eiscafés

Einen guten Kaffee zu bekommen, stellt kein Problem dar, denn die Tel Avivim sind Fans von koffeinhaltigen Pausen. Sie legen dabei Wert auf Qualität, nicht umsonst mussten einige internationale Fast-Coffee-Ketten aufgrund ausbleibender Kundschaft kurzerhand wieder schließen! Praktisch überall gibt es gemütliche Cafés, die meist auch Süßes, Croissants, Brioches und manchmal Sandwiches anbieten. Hier eine kleine Auswahl:
❼**92** [A13] **Basma Coffee**, 5 R. Louis Pasteur, Tel. 03 6706050. Das kleine Café im Herzen Jaffas erinnert an das osmanische Erbe dieses Stadtteils. Arabischer Kaffee, orientalische Süßspeisen und kleine Gerichte, aber auch palästinensisches Bier sorgen dafür, dass die Gäste schnell ein „Basma" (arabisch für „Lächeln") auf den Lippen haben.
❼**93** [D3] **Café Castel**, 151 R. Ibn Gabirol, Tel. 03 5543255. Ein Klassiker unter den kleinen „Butke" (Büdchen)-Cafés! Ob zum Auftanken für Koffeinfreunde oder um bei einem entspannten Frühstück gemütlich den Tag zu beginnen, das Café Castel auf der Rehov Ibn Gabirol ist einen Besuch wert!
❼**94** [C11] **Cafelix**, 15 R. Sgula, Tel. 03 6392687, https://cafelix.co.il. Dieses Café mit angeschlossener Rösterei ist bei den echten Koffein-Profis der Stadt beliebt. Ob Espresso, Cappuccino oder Americano, was der deutsche Kaffeemeister Philipp alias Felix hier „zaubert", ist wirklich probierenswert!
❼**95** [C10] **Golda**, 9 R. Yehiely, Tel. 03 5105545, www.goldaglida.co.il. Etwas versteckt liegt dieser entspannte Eissalon, in dem es zauberhafte Eiskreationen zu probieren gibt.
❼**96** [D8] **HaMalabiya (1)**, 28 R. Gedera/60 R. Allenby, Tel. 03 5339343, www.hamalabiya.co.il. Hier am Shuk HaKarmel ❻ gibt es den äußerst beliebten Milchpudding *malabi*, der mit Rosenwassersirup und Nusssplittern gereicht wird. Vorsicht Suchtgefahr! Filiale:
❼**97** [E6] **HaMalabiya (2)**, 39 R. Ibn Gabirol
❼**98** [F7] **Raw Bowl**, 4 R. Ha'Arba'a, Tel. 03 5250397. Vor oder nach einem Strandbesuch gehört ein Besuch bei Raw Bowl einfach dazu. Ob Smoothie, Joghurt, Müsli oder Obstsalat, hier lässt sich die Lieblingskalorienbombe ganz individuell zusammenstellen.
❼**99** [C10] **La Mamma del Gelato Anita (1)**, 42 R. Shalom Shabazi, Tel. 03 6246383, www.anita-gelato.com. Einfach verführerisch geht es in diesem, einer italienischen Gelateria nachempfundenen Eissalon zu (auch vegane Sorten gibt es). Wunderbar ist die Auswahl an frisch zubereiteten Sorbets, und wem die Schlangen zu lang sind, der kann sich auch in diese Filiale begeben:
❼**100** [D11] **La Mamma del Gelato Anita (2)**, Rehov Florentin Nr. 3
❼**101** [F7] **Lehamim (1)**, 103 R. HaHashmonaim, Tel. 03 5618111. Außer wegen des Kaffees kommen die Gäste wohl vor allem wegen der fantastischen Kreationen aus der hauseigenen Konditorei vorbei – auf keinen Fall die *rugelach*

genannten Hörnchen verpassen. Auch das Frühstück ist beliebt. Filiale:

- **102** [E3] **Lehamim (2)**, 125 R. Ibn Gabirol
- **103** [C4] **Nola**, 197 R. Dizengoff, Tel. 03 5230527. Die meisten Besucher schätzen das Nola wegen seines wirklich üppigen Angebots an amerikanischem Frühstück. Doch auch ein kurzer Stopp, z. B. auf einen Espresso, zahlt sich aus.
- **104** [C6] **Or Shpitz**, 3 R. Bograshov, Tel. 050 3011102. Unweit des Strandes liegt dieses kleine Café in Knallrosa. Ganz besonders zu empfehlen sind hier die Cupcakes und viele weitere delikate Süßspeisen.
- **105** [B12] **Puaa**, 8 Rabbi Yohanan, Tel. 03 6823821, https://puaa.co.il. Im lebendigsten Teil Jaffas liegt dieses große Café, in dem man auch hervorragend essen kann. Neben der originellen Einrichtung lieben die Tel Avivim es auch wegen seiner entspannten Atmosphäre.
- **106** [E4] **Vaniglia**, 98 R. Ibn Gabirol, Tel. 03 5241177. Die vielleicht besten Eissalons der Stadt (Filialen gibt es über ganz Tel Aviv verteilt) bieten unzählige Kreationen an Eissorten und Sorbets (natürlich auch vegan). Es lohnt sich, nach Empfehlungen zu fragen.
- **107** [C8] **Yom Tov**, 30 R. Yom Tov, Tel. 054 6263906. Im Zentrum des Kerem HaTemanim liegt dieses trendige Café, das speziell für sein Frühstück bzw. Brunch beliebt ist. Äußerst hübsch sitzt man auf der Gasse vor dem Lokal.
- › **Yulia**, im Namal ㉔, Tel. 03 5469777, yuliatlv.co.il. Das Yulia ist eines dieser typischen Cafés der Stadt, in denen man ganz kontemplativ die Zeit verstreichen lassen kann, z. B. bei einer Tasse Espresso, einem Brunch oder bei orientalischen Appetithäppchen.

› *Keine Lust auf Clubbing? Dann einfach ein kühles Getränk gekauft und ab an den Strand!*

Tel Aviv am Abend

Bars und Kneipen sind in Tel Aviv keine Mangelware und es gibt auch eine äußerst lebendige Club- und Discoszene. Man findet hier sowohl hochklassige Elektroveranstaltungen als auch kleinere alternative Locations oder Clubs mit Livemusik. Die Gegenden mit den kürzesten Nächten sind **Namal** ㉔, der alte Hafen, und die ehemalige Industriegegend **Yad HaRutzim** im Osten der Stadt, aber auch in **Florentin** ⑮ und in der **Rehov Lilienblum** [D9/10] dröhnen bis frühmorgens die Bässe.

Die im Folgenden angegebenen Schließungszeiten sind nur als Orientierung zu sehen, denn meist ist so lange auf, wie Gäste da sind – das gilt sogar am heiligen Shabbat, an dem das restliche Israel weitestgehend stillsteht.

> **MEIN TIPP**
>
> **Alleine in Tel Aviv?**
> Kein Problem! Die Tel Avivim sind in der Regel äußerst redselig und scheuen sich nicht, mit Fremden ins Gespräch zu kommen. Zwar brauchen Freundschaften hier etwas Zeit – die Israelis bezeichnen sich gerne als *Sabra* („Kaktusfeige"), außen stachlig, dafür innen saftig und süß –, doch wenn man sich erstmal besser kennt, steht echter Freundschaft nichts mehr im Weg. So ziemlich alle **Pubs und Kneipen** im Namal ㉔ und entlang der Rehov Meir Dizengoff ②, der Rehov HaMelekh George V. ④ oder der Rehov Ibn Gabirol ㉑, aber auch die Lokale in den Innvierteln wie Neve Tsedek ⑫ oder Florentin ⑮ eignen sich bestens, um alleine einen Drink zu heben und dabei vielleicht mit „echten Eingeborenen" ins Gespräch zu kommen. Nur Mut!

Tel Aviv am Abend

Bars und Kneipen

❶108 [D10] **Aria,** 66 R. Nachalat Binyamin, Tel. 03 5296054, www.ariatlv.co.il, tägl. 19–1 Uhr. Bei Aria handelt es sich um ein Restaurant, aber eben auch um eine angesagte Adresse der Nightlife-Szene. Es zeichnet sich dadurch aus, dass das Publikum gemischt und das gebotene Programm sehr abwechslungsreich ist.

❶109 [C4] **Jasper Johns,** 190 R. Dizengoff, Tel. 03 9497020, tägl. 18–6 Uhr. Seit ein paar Jahren gehört das Jasper Johns zu den meistfrequentierten Adressen der Tel Aviver Szene. Großartige Cocktails und coole Leute. Bis in die frühen Morgenstunden bleibt es hier lebendig.

❶110 [C8] **Minzar BAR,** Hilel Zaken/Ecke Gedera, Tel. 03 5173015, tägl. rund um die Uhr geöffnet. Urige Kneipe, die gerade durch ihr unaufdringliches Ambiente und die wunderbaren Drinks besticht.

❶111 [C6] **Molly Bloom's,** 2 R. Mendeli, Tel. 055 8860188, www.molly-blooms.com, tägl. 16–2 Uhr. Klassisches Irish Pub mit gezapftem Bier, reicher Auswahl an Whisk(e)ys, Sport-TV und hervorragendem Angebot an (Finger-)Food.

❶112 [E7] **Peacock,** 14 R. Marmorek, Tel. 03 6868259, tägl. 19 bis 3 Uhr. Eine der gemütlichsten Bars Tel Avivs, die gerade wegen ihrer angenehm relaxten Atmosphäre beliebt ist. Neben einer reichen Getränkeauswahl bekommt man auch kleine Speisen.

❶113 [E9] **Radio E.P.G.B.,** 7 R. Shadal, Tel. 03 5603636, tägl. 21 bis 6 Uhr. Seit einigen Jahren gehört das Radio E.P.G.B. zu den meist frequentierten Adressen der Tel Aviver Nightlife-Szene. Neben der „funkigen" Bar locken hier vor allem Live-DJs (Indie und Electronic).

❶114 [C8] **Salon Berlin Bar,** 15 R. Yisrael Naiara, Tel. 03 5102126, tägl. 12–3 Uhr. Nein, die Salon Berlin Bar ist kein Treffpunkt teutonischer Touristen! Diese Bar im Stil der 1960er- und

Smoker's Guide

In Israel gilt ein generelles **Rauchverbot** in allen geschlossenen Räumen, in denen Getränke und Speisen serviert werden, also auch in Discos, Clubs und praktisch allen öffentlich zugänglichen Gebäuden. Gaststätten und Kneipen, die eine Ausnahmeregelung, bzw. einen vollständig abgetrennten Nebenraum für Raucher haben, sind rar, doch nehmen es viele Raucher, gerade zu später Stunde, mit dem Verbot nicht so eng und Kontrollen von Seiten der Ordnungshüter sind selten. Eine echte Raucheradresse – vornehmlich für Zigarrenfans – ist das **Porto Vino** (s. S. 83).

1970er-Jahre bietet tolle Cocktails und gute Stimmung. Und der Name? Nun, Berlin steht in Tel Aviv synonym für Fun und Party.

❼115 [B12] **Shaffa Bar,** 2 R. Nachman, Tel. 050 2141444, tägl. 9–0.30 Uhr. Shaffa ist den meisten Tel Avivim als Frisör bekannt, doch haben die Betreiber zusätzlich zu dem Salon diese Bar schräg gegenüber eröffnet. Zu später Stunde werden die ganze Kneipe und die Gasse davor zur *dancing zone*.

❼116 [C5] **Spicehaus,** 117 R. Dizengoff, Tel. 03 5185904, tägl. 18–3 Uhr. Das hippe Spicehaus ist auch als „Cocktail Bar Pharmacy" bekannt, denn hier bereiten die Barkeeper in knappen Kostümen die vielleicht außergewöhnlichsten Drinks der Stadt zu! Sehr zu empfehlen zur Happy Hour von 18 bis 21 Uhr.

❼117 [D9] **Sputnik Bar,** 122 R. Allenby, Tel. 052 6426532, tägl. 21–7 Uhr. Bis in die frühen Morgenstunden finden in diesem Zwischending aus Bar mit Innenhof und Club alle Asyl, die andernorts Opfer der Sperrstunde geworden sind.

❼118 [E8] **The Library Bar,** 23 R. Nachmani (im The Norman Hotel), Tel. 03 5435555, tägl. 9–1 Uhr. Im eleganten britischen Club-Setting im Stil der 1940er-Jahre gibt es eine großartig sortierte Bar mit einer reichen Auswahl an Weinen und Cocktails. Man kann auch in den Büchern der Bibliothek schmökern.

> **Programm und Tickets**
> Ein umfassender Überblick über das aktuelle **Programm** findet sich in der **Jerusalem Post** oder online in der Stadtzeitschrift **Time Out** (s. S. 107). **Tickets** können direkt bei den jeweiligen Etablissements gekauft werden (meist auch online oder telefonisch mit Kreditkarte) oder unter www.leaan.co.il, Tel. 03 5247373.

Livemusik, Clubs und Discos

Wem nach Livemusik oder dem Schwingen des Tanzbeins ist, der sollte der einen oder anderen Adresse der folgenden Liste einen Besuch abstatten. Die Eintrittspreise bewegen sich zwischen 50 und 100 NIS, gerade in den großen Clubs sind die Getränkepreise aber meist happig. Die meisten Locations öffnen um Mitternacht, doch vor zwei Uhr morgens läuft man sich gerade erst warm.

❼119 [D8] **Beit Haamudim,** 14 R. Rambam, Tel. 03 5109228, www.beithaamudim.com, geöffnet Mo, Mi, Do, So 12–2, Di, Fr 9–3, Sa 19–3 Uhr, Shows ab 19 Uhr, Fr. auch bereits um 15 Uhr. Heißer Jazz von einheimischen Künstlern mit täglich wechselndem Programm, darunter auch häufig Jam Sessions.

❼120 [D9] **Breakfast Club,** 6 Sderot Rothschild, Tel. 03 5100101, tägl. 23–6 Uhr. Wer House und Techno mag, kann im Breakfast Club nichts falsch machen. Renommierte DJs versetzen hier die Massen in Ekstase, während man in der Bar auch gesellig chillen kann.

❼121 [D9] **Drama,** 52 R. Nachalat Binyamin, Tel. 054 7205899, https://dramatlv.com, tägl. 20–5 Uhr. Derzeit eine der hippsten Partylocations mit drei Stockwerken, darunter einer Indoor-Bar, einer Open-Air-Tanzfläche und einem groovigen Biergarten im Innenhof.

❼122 [D9] **Jimmy Who,** 24 Sderot Rothschild, Tel. 050 6667337, tägl. 21–5 Uhr. Diese Mischung aus Bar und Club ist gewollt nicht ganz einfach zu finden und präsentiert sich fensterlos und absichtlich im Bunker-Stil. Doch die Stimmung bei Indie-Rock und Elektrosounds ist verlässlich cool. Wem es nach Frischluft dürstet, der findet im selben Gebäude die Speakeasy Rooftop Bar.

❼123 [E9] **Kuli Alma,** 10 R. Mikveh Israel, Tel. 03 6565155, https://kulialma.com, tägl. 21–5 Uhr. Top-Nightspot in einem verwinkelten Gebäude mit mehreren Räumen und Innenhof. Abwechslungsreiches Programm inklusive Livemusik, Kunstausstellungen u. v. m.

124 [E9] **Levontin 7,** 7 R. Levontin, Tel. 03 5605084, https://levontin7.com, tägl. 20 bis 2 Uhr. In dieser Café-Bar – im EG ist normaler Kneipenbetrieb samt veganer Pizza – geht musikalisch im Keller allabendlich gewaltig die Post ab, und zwar bei Livemusik namhafter israelischer Künstler praktisch aller Musikstile.

125 [D9] **Lima Lima,** 42 R. Lilenblum, Tel. 054 2467906, Mo–Sa 22–5 Uhr. Ein Club mit vorrangig Black Music wie Soul, Rap und Hip-Hop, aber ebenso Latin Sounds und Reggaeton. Auch unter Homosexuellen beliebt.

126 [D7] **Ozen Bar/Bootleg,** 48 R. HaMelekh George V., Tel. 03 6215208, tägl. ab 20 Uhr. Während die Ozen Bar für ihre entspannte Atmosphäre bekannt ist, legen im benachbarten Bootleg internationale DJs auf und es gibt Live-Musik. Ein erlebenswerter Allrounder der Tel Aviver Nightlife-Szene und besonders bei jungem Publikum beliebt.

MEIN TIPP

Für den späten Hunger

Nach einem Clubbesuch ist es in Tel Aviv nicht schwierig, auch noch in angenehmer Umgebung etwas zum Essen aufzutreiben. Das vielleicht bekannteste „24/7"-Lokal der Stadt ist das **Benedict** (s. S. 68), wo es rund um die Uhr Frühstück in allen Variationen gibt. Doch sonst muss man kaum länger als ein paar Hundert Meter laufen, um selbst spätnachts einen offenen Hotdog- oder Falafelstand zu finden. Wer nur noch einen „Betthupferl-Drink" ins Hotel nehmen möchte, wird sicher in den **AM:PM-Supermärkten** fündig, denn auch sie sind rund um die Uhr geöffnet.

127 [B1] **Shalvata,** Namal, Hangar 27, Tel. 03 5441279, https://shalvata.co.il, Do–So 22–5 Uhr. Einer der namhaftesten Beachclubs Tel Avivs, direkt am Hafen gelegen, mit legendären Sommer-Partys – und das ganzjährig! Musikalisch überwiegen Mainstream-Klänge und Elektromusik, dabei aber in der Regel von international renommierten DJs.

128 [D10] **Teder.fm,** 9 Derech Yafo, Tel. 03 5719622, www.teder.fm, tägl. 19–2 Uhr. Cool-lässige und doch unprätentiöse Nightlife-Location in einem Gebäude mit Patio. Hier finden allerlei Events von Bühnenshows und Livemusik bis zu Sounds vom hauseigenen DJ statt. Die Getränkeauswahl der Bar lässt keine Fragen offen und wen der Hunger plagt, der wird hier mit Pizzen von Starkoch Eyal Sheni versorgt.

129 [F11] **The Block,** 157 Derech Shalma (Salame), Tel. 03 5378002, www.blockclub.com, Do/Fr 23.30–8 Uhr. Einer der coolsten Clubs der Stadt in Sachen House und Techno. Im Gebäude des zentralen Busbahnhofs wird hier auf drei Ebenen Party gemacht.

130 [G5] **Zappa Club,** Derech Menachem Begin 144, Tel. 03 7626666, www.zappa-club.co.il, je nach Programm ab 21 Uhr. In diesem Musikclub im äußersten Osten der Stadt treten israelische und internationale Künstler von Weltklasse auf. Erlebenswert!

Theater, Kino, Tanz, Konzerte

Tel Aviv ist fraglos eine Kulturmetropole und lockt musik-, schauspiel- und tanzinteressierte Besucher aus dem ganzen Land und aus aller Welt an. Es gibt ein gewaltiges Angebot an Theatern und Konzertsälen mit einem entsprechend breit gefächerten Programm von klassisch bis modern, von Mainstream- und bis zu geradezu revolutionären Stücken.

Kino

131 [F7] **Cinematheque,** 2 R. Shprinzak, Tel. 03 6060800, www.cinema.co.il. In Tel Avivs Cineastentreff laufen nicht nur die großen Mainstream-Filme, sondern auch Streifen für Fans des Independent-Kinos. Häufig werden Filmreihen im Rahmen themenorientierter Filmfestivals gezeigt.

132 [D6] **Rav-Hen Kino,** Kikar Dizengoff Ben Ami 16, www.rav-hen.co.il, Tel. 03 5282288, So–Do ab 16 Uhr, Fr ab 18.30, Sa ab 10 Uhr. Großes Multiplexkino am zentralen Dizengoff-Platz ❶, in dem auch Filme auf Englisch auf dem Programm stehen.

Theater

134 [D6] **Beit Lessin,** 101 R. Meir Dizengoff (Eingang über 44 R. Frishman), Tel. 03 7255333, www.lessin.co.il. Das Beit Lessin ist Tel Avivs beliebtestes Kammertheater mit unkonventionellen und oft politisch inspirierten Stücken auf Hebräisch und gelegentlich auch auf Englisch.

135 [C11] **Gesher Theatre,** 9 Sderot Yerushalayim, Tel. 03 5157000, www.gesher-theatre.co.il. Diese vor wenigen Jahren neu gegründete Bühne hat klassische und moderne Stücke auf Russisch und Hebräisch im Programm.

136 [E7] **HaBimah National Theatre of Israel,** 19 Kikar HaBimah/2 Sderot Tarsat, Info-Tel. 03 6295555, www.habima.co.il. Das im Jahr 1935 errichtete Stammhaus des staatlichen israelischen Schauspielensembles hat vor allem klassische Stücke auf Hebräisch im Programm, dabei aber häufig mit englischer Untertitelung per Videotafel. Altmodisch sind die Inszenierungen übrigens nicht, sie strotzen im Gegenteil meist vor Unkonventionalität. Gegründet wurde das Theater bereits 1917 in Moskau, bevor es 1928 nach Tel Aviv umgezogen ist.

137 [B12] **Jaffa Theatre,** 10 R. Mifratz Shlomo, Tel. 03 5185563, www.arab-hebrew-theatre.org.il. Im Zuge der Völkerverständigung werden im Jaffa Theatre Stücke sowohl in arabischer als auch in hebräischer Sprache aufgeführt. Ein Besuch kann aber durchaus auch interessant sein, wenn man keiner der beiden Sprachen mächtig ist.

138 [A12] **Nalaga'at Center,** Retsif Ha'aliya HaShniya, Box 6, Namal Yafo, Tel. 03 6330808, https://nalagaat.org.il. In diesem Kulturzentrum finden wahrlich ausgefallene Aufführungen statt, denn die Schauspieler sind allesamt blind und taub. Und der Applaus? Der wird durch Schulterklopfen weitergegeben. Zum Nalaga'at Center gehören auch ein Café und ein Restaurant, in denen man im Dunkeln speist und trinkt. Sehr erlebenswert!

139 [F6] **The Cameri Theatre,** 19 Sderot Sha'ul HaMelekh, Tel. 03 6060900, www.cameri.co.il. Das zweite große Theater Tel Avivs, in dem neben Klassikern vor allem zeitgenössische und experimentelle Stücke, aber auch Kabarett und Musicals – allesamt auf Hebräisch – aufgeführt werden. Auch hier finden oft Simultanübersetzungen ins Englische statt.

140 [E6] **Tzavta,** 30 R. Ibn Gabirol, Tel. 03 6950156, www.tzavta.co.il. Dieses kleine Theater hat sich auf oftmals zeitgenössische, satirische bzw. gesellschaftskritische Stücke (v. a. auf Hebräisch) spezialisiert, doch im Tzavta gastiert auch regelmäßig das Yiddishpiel-Ensemble mit Aufführungen in jiddischer Sprache. Informationen unter https://yiddishpiel.co.il.

141 [E6] **Zoa House,** 1 R. Daniel Frisch, Tel. 03 6959341, http://zoatlv.co.il. Schwerpunkt sind hier zeitgenössische Stücke auf Hebräisch und vielerlei verschiedene, meist spannende Kulturveranstaltungen.

Musik und Tanz

🚇142 [E7] **Charles R. Bronfman Auditorium,** 1 R. Huberman, Tel. 03 6211777, www.ipo.co.il. Direkt neben dem HaBimah National Theatre befindet sich das Charles R. Bronfman Auditorium, eines der führenden Konzerthäuser der Welt. Das Stammhaus des Israel Philharmonic Orchestra ist einer der traditionsreichsten Aufführungsorte für klassische Musik. Die Konzerte finden entweder im 2500 Zuhörer fassenden Konzertsaal oder an anderen Standorten in der Stadt statt.

🚇143 [D7] **Felicja Blumental Music Center and Library,** 26 R. Bialik, Tel. 03 6201185, https://fbmc.co.il. Das Felicja Blumental Center ist eine Art Begegnungsstätte für Musikliebhaber mit einer umfassenden Sammlung an Instrumenten, CDs, Noten und Büchern zum Thema. Häufig finden im kleinen Konzertsaal Kammermusikabende statt (Infos unter https://fbmc.co.il/en/festival/felicja-blumental-festival/).

🚇144 [C10] **Suzanne Dellal Centre,** 5 R. Yechiely, Tel. 03 5105657 oder 03 5105656 (für Reservierungen), https://suzannedellal.org.il/ Bei Suzanne Dellal stehen Musik, Ballett und speziell (moderner) Tanz auf dem Programm, denn das Haus ist die Heimstätte der international bekannten Batsheva Dance Company und der besonders in Israel sehr populären Inbal Pinto & Avshalom Pollak Dance Company.

🚇145 [F6] **The Israeli Opera,** 19 Sderot Sha'ul HaMelekh, Tel. 03 6927777, www.israel-opera.co.il. Auch die ruhmreiche Israelische Staatsoper, die sich wie das The Cameri Theatre auf dem Areal des **Tel Aviv Performing Arts Center** befindet, ist im internationalen Vergleich ganz vorne dabei. Vorrangig konservative Interpretationen klassischer Opern, obwohl auch Operetten und Ballett auf dem Programm stehen und das bei durchwegs brillanter Besetzung.

Tel Aviv zum Stöbern und Shoppen

Tel Aviv kann getrost als Shoppinghauptstadt Israels bezeichnet werden. Zwar muss man hier Typisches wie lokale Handwerkskunst oder wirklich wertvolle Souvenirs suchen, doch dafür kann in Sachen Mode, Schmuck oder ausgefallene Lifestyle-Artikel keine Stadt des Landes mit der Mittelmeermetropole mithalten.

Tel Avivs **Haupteinkaufszone** erstreckt sich im Wesentlichen von den Kikar Dizengoff ❶. Dabei sind die Rehov Meir Dizengoff ❷, die Rehov HaMelekh George V. ❹ und die Rehov Ben-Yehuda [C5/6] die prominentesten, wenn auch nicht exklusivsten Adressen. Doch auch die umliegenden **Seitenstraßen** wie die Rehov Gordon [C/D5], die Rehov Frishman [C6/D5], die Rehov Sheinkin [D/E8] oder die Rehov Bograshov [C6/D7] bieten durchaus vielseitige Shoppingfreuden, während die wuselige Rehov Allenby [C8–E9] speziell für Hardcore-Feilscher und Schnäppchenjäger empfehlenswert ist. **Außerhalb der Innenstadt** sind außerdem die Gegend um den Kikar Yitzhak Rabin ⓴, die Straßen und Gässchen in Neve Tsedek ⓬ und in Florentin ⓯ sowie natürlich der Namal ㉔ genannte alte Hafen wegen ihrer vielen kleinen Boutiquen äußerst beliebt.

Einkaufszentren

Die amerikanisch inspirierte Begeisterung für Shoppingmalls hat auch vor Tel Aviv nicht Halt gemacht, nicht zuletzt, weil das Shoppen in klimatisierten Gebäuden gerade im Sommer seine Vorteile hat. Zu den bekanntesten Einkaufszentren gehören:

🔴 [G6] **Azrieli Center**, So–Do 10–22, Fr 10–16, Sa 20–24 Uhr. Architektonisch und einkaufstechnisch das interessanteste Shoppingcenter Tel Avivs ist das futuristische, 1999 errichtete Azrieli Center. Auf den ersten drei Etagen finden sich hochwertige Shops, ein Kino und zahlreiche Restaurants und Imbissstände. Vom 3. Stock führt ein Lift in die 49. Etage zur Aussichtsterrasse.

🔴146 [D7] **Dizengoff Center**, Ecke R. Meir Dizengoff und R. HaMelekh George V., https://dizengof-center.co.il, So–Do 10–22, Fr 10–15.30, Sa 19–23 Uhr. Die älteste Shoppingmall Israels – 1977 eröffnet – ist bis heute populär und bietet so ziemlich alles, was das Shopperherz begehrt. Auch hier gibt es Schnellimbisslokale, im Dachgeschoss ein Schwimmbad und donnerstags (12–20 Uhr) sowie freitags (10–17 Uhr) findet ein Food-Markt statt.

🔴147 [E5] **Gan Ha'ir**, Ibn Gabirol/Kikar Yitzhak Rabin, So–Do 10–20, Fr 10–14.30 Uhr. Die Gan Ha'ir Shoppingmall befindet sich in einem halboffenen Gebäude direkt hinter dem Rathaus und gehört zu den kleineren ihrer Art. Neben Mode finden sich hier auch Geschäfte für Spielzeug, Haushaltswaren, Bücher etc. Auf dem Dach hat das Einav Cultural Center seinen Sitz, in dem häufig Kulturveranstaltungen stattfinden.

🔴148 **Ramat Aviv Mall**, 40 R. Einstein, So–Do 10–22, Fr 10–16, Sa 20–24 Uhr. Die 1997 eröffnete Ramat Aviv Mall ist mit mehr als 140 Geschäften auf einer Verkaufsfläche von 17.800 m² die exklusivste Shoppingmall der Stadt. Besonders bei Regenwetter sind die zwei Ebenen „Shopping pur" eine gute Alternative zur Innenstadt, da die ganze Anlage überdacht ist. Die Geschäfte umfassen v. a. Designerboutiquen und Flagshipstores großer Modefirmen. Man erreicht die Mall am besten mit dem Taxi (ca. 40 NIS) oder dem Sherut (9 NIS ab der Rehov Ben-Yehuda).

🔴149 [F7] **TLV Fashion Mall**, 96 R. HaHashmonaim, www.tlvmall.com, So.–Do. 10–22, Fr. 9–15 und Sa. eine Stunde nach Ende des Shabbat bis 23 Uhr. Die TLV Fashion Mall ist der neue Stern am Mode- und Einkaufshimmel der Stadt. Mit über 120 Shops, Cafés, Restaurants u. a. bietet das Shoppingcenter wahrlich etwas für jeden Geschmack. Der Schwerpunkt der angebotenen Waren liegt auf Kleidung – darunter auch zahlreiche israelische Designer-Shops –, aber auch andere Sparten sind vertreten. Die TLV Fashion Mall ist Teil eines riesigen Bauprojekts im Osten der Stadt.

Mode und Accessoires

Tel Aviv kann durchaus als Trendsetter für junge, unkonventionelle Mode bezeichnet werden. Die Stadt verfügt fast schon über ein Überangebot an kultigen Designerboutiquen und trendigen Underground-Läden. Die großen Fashion Labels von Armani bis Zegna findet man am Kikar HaMedina [F3].

🔴150 [D6] **Aderet**, 53 R. Bograshov. Wo Gebrauchtes zum Fashion-Item wird – auch das geht! In diesem coolen Secondhandshop für Designermode findet man mit etwas Glück echte Schätze.

🔴151 [D3] **Alef Alef**, 9 R. Ashtori HaParchi. Neben renommierten Trendmarken findet man hier auch viele individuelle Labels aus Israel, von cooler Abendmode bis zu leichten Alltagsdesigns.

🔴152 [E8] **Aviva Zilberman**, 23 R. Melchett. Bei Aviva Zilberman finden sich lässige

▷ *Dank Klimaanlage auch an heißen Tagen beliebt – das Azrieli Center* 🔴

Schöpfungen in bunten Farben und hippen Designs. Garantiert alles andere als Allerweltsmode.

- 153 [C10] **Ba&Sh,** 40 R. Shalom Shabazi. Mitten in Neve Tsedek liegt dieses Eldorado für klassisch-lässige, feminine Mode mit einem Touch Wildheit.
- 154 [B1] **Comme il faut,** Namal Hangar 26. Zweifelsohne einer der ultimativen Modetempel der Stadt mit stilvollen und doch ausgefallenen Designs aus Europa und Israel. Mit Spa für Frauen.
- 155 [D9] **Daniella Lehavi,** 21 Sderot Rothschild. Daniella Lehavis schicke Kreationen umfassen Gürtel, Handtaschen, Schuhe und allerlei Accessoires. Prädikat: 100 % Tel Aviver Design für die Dame von Welt!
- 156 [C10] **Mews,** 12 R. Tachkemoni. Jung, leger und v. a. echt „TLV Style" sind die durchgehend in schwarz gehaltenen Designs von Gal Shenfeld, die man in deren Flagship-Store Mews bekommt.
- 157 [E9] **Mizo,** 8 R. HaHashmal. Designergeschäft mit Mode im Vintage-Stil. Die Designs sind hier gewollt lässig, immerhin hat die Gründerin Inbal Ben-Zaken ihr eigenes Label geschaffen, als sie schwanger war.
- 158 [C5] **Oberson Fashion House,** 36 R. Gordon. Das traditionsreiche Modehaus blickt auf eine lange Geschichte zurück, geht aber mit der Zeit. Exklusiv und nicht günstig, doch ein Besuch des Showrooms begeistert auch Nichtkäuferinnen!
- 159 [C5] **Sarah Braun,** 162 R. Meir Dizengoff. Seit einigen Jahren gilt Sarah Brauns Geschäft als Non-Plus-Ultra-Adresse für schlicht-elegante Damenmode und inzwischen finden auch Männer hier Interessantes.
- 160 [C3] **Story,** 246 R. Meir Dizengoff. Hinreißend nonchalante, aber durchaus tragbare Mode für sie und ihn von verschiedenen in- und ausländischen Designern.

Beautyartikel und Wellness

- 161 [C6] **Ahava,** 65 R. Ben-Yehuda. Keine Zeit für einen Besuch des Toten Meeres? Kein Problem, denn bei Ahava gibt es eine erlesene Auswahl an Beauty- und Kosmetikartikeln, die aus dem Salz des am tiefsten gelegenen Sees der Erde gefertigt werden.
- 162 [C6] **Ayoka,** 4 R. Bograshov, Tel. 03 6886864, www.ayoka.co.il. Nein, schwierig ist es wirklich nicht, hier ein paar schöne Stunden zu verbringen, denn in Sachen Kosmetik, Beautytreatment oder Wellness bietet dieser Relax-Palast wirklich das volle Sortiment.

Shoppingareale
Die wichtigsten Shoppingbereiche der Stadt sind im Kartenmaterial mit einer rötlichen Fläche markiert.

- **163** [D8] **Sabon**, 21 R. Sheinkin. Definitiv das spezielleste Seifen- und Kosmetikgeschäft Tel Avivs. Sehens- und riechenswert!
- **164** [D7] **Yullia Manicure**, 51 R. HaMelekh George, Tel. 054 2953025. Maniküre oder Pediküre gewünscht? In diesem Wohlfühlsalon kann frau sich ordentlich verwöhnen lassen.
- **165** [B12] **Zielinski & Rozen**, 5 R. Olei Zion. Im Flohmarktviertel von Jaffa bekommt man individuell erstellte Düfte vom Meisterparfumeur Erez Rozen. Aber auch Seifen, Körperöle, Cremes und Duftkerzen gibt es. Ein echtes Kleinod der duften Dinge des Lebens.

Bücher und Musik

- **166** [E5] **Bookworm**, 9 R. Malchey Israel. Tel Avivs angenehmster Buchladen. Zwar ist das Geschäft auf Architektur und Design spezialisiert, aber es führt auch Belletristik (Hebräisch und Englisch) und betreibt ein nettes Café.
- **167** [D9] **Halper's Books**, 87 R. Allenby. Das vielleicht spannendste Antiquariat Israels mit über 60.000 Titeln, u. a. auch auf Deutsch.
- **168** [E3] **Ilan Ben Shahar Records**, 154 R. Ibn Gabirol. Hier kommen Schnäppchen- und Raritätenjäger auf ihre Kosten. Ob CDs oder LPs, im aus allen Nähten platzenden I.B.S. Records sind wirklich reichlich Schätze „vergraben".
- **169** [C10] **Sipur Pashut**, 36 R. Shalom Shabazi. Ein übersichtlicher Schmökerbuchladen. Man bekommt neben hebräischen Werken v. a. Literatur auf Englisch.
- **170** [D6] **Steimatzky**, 59 R. Meir Dizengoff. Die große Buchhandlungskette bietet neben internationaler Presse eine reiche Regionalia-Abteilung, aber auch sonst so ziemlich alles, was das Leserherz bei einem Stadttrip begehren könnte (allerdings meist auf Englisch). Weitere Filialen, u. a. im Azrieli Center ⑱.
- **171** [D7] **The Third Ear**, 48 R. HaMelekh George V, https://third-ear.com. Das Mekka in Sachen Musik und Film. Ob internationale oder israelische Interpreten, Vinyl, CD oder Filme auf DVD, das The Third Ear führt so ziemlich alles und ist obendrein eine gute Adresse für Infos zum Nightlife-Programm.

(Außergewöhnliche) Souvenirs und Geschenke

Altbackene 0815-Souvenirs wie Miniatur-Theodor-Herzl-Büsten, „Don't Worry Be Jewish"-T-Shirts, Postkarten, Glücksbringer, Minimenorahs, Schlüsselanhänger oder sonstigen Krimskrams bekommt man an den Souvenirläden in Jaffa, der Rehov Ben-Yehuda [C5/6] oder auf dem Shuk HaKarmel ⑥. Ausgefallene Mitbringsel dagegen gibt es auf dem Handwerkermarkt in der Rehov Nachalat Binyamin (s. S. 82) oder bei den folgenden Adressen:

- **172** [C10] **Agas and Tamar**, 43 R. Shalom Shabazi. Wirklich einzigartig kunstvoll gefertigte Schmuckstücke aus Gold oder Silber für Sie und Ihn gibt es bei „Birne und Dattel".
- **173** [B12] **Asufa**, 2 R. Nachman. Bei Asufa ist man auf israelisches Design spezialisiert und zwar in Form von Mobiliar, aber auch allerlei kreativen Geschenk- und Souvenirideen.
- **174** [C3] **Dori Csengeri**, 242 R. Meir Dizengoff. Stylische Mode-Accessoires in Form von Ketten, kunstvoll gearbeiteten Anhängern und anderen Schmuckstücken gibt es in der Boutique der international bekannten Designerin Dori Csengeri.
- › **Eretz Israel Museum Shop**, Eretz Israel Museum ㉕. Ob edle Objekte oder kre-

▷ *Auf dem Shuk HaKarmel* ⑥ *ist die Diät schnell vergessen*

ativ-witzige Deko, im Shop des Eretz Israel Museum sind außergewöhnliche und doch typisch israelische Mitbringsel keine Mangelware.

🔒**175** [C11] **Gaya**, HaTachana. Getreu dem Motto „The Art of Thinking" führt dieses etwas andere Spielzeuggeschäft überaus knifflige Puzzles und Geduldsspiele aus Holz für Groß und Klein.

🔒**176** [C3] **Goldy**, 232 R. Meir Dizengoff. Ohrringe, Ketten, Ringe und Armreifen – bei Goldy wird man fündig, wenn man extravaganten Schmuck sucht.

🔒**177** [B12] **One Bedroom**, 12 R. Margoza. Ein Besuch in dieser liebevoll verspielten Lifestyle-Boutique ist einfach herrlich! Man bekommt diverse, meist antik anmutende Gegenstände.

🔒**178** [D8] **Photo House Pri-Or**, 5 R. Tchernihovski, www.thephotohouse.co.il. Der Fotograf Rudi Wassenstein hat zwischen 1936 und 1960 in Israel etwa eine Million Bilder „geschossen". Wem ein Bild aus dem Archiv gefällt, der kann es hier in der gewünschten Größe entwickeln lassen.

🔒**179** [A12] **Sharon Brunsher**, 4 R. Louis Pasteur. Umfangreich, exquisit und zugleich ausgefallen ist die Auswahl an diversen Essenzen, aber auch an allerlei anderen Produkten von Mode bis zu Haushaltsartikeln. Und dabei ist alles garantiert 100 % „made in Israel"!

🔒**180** [C9] **Sigal**, 55 R. Shalom Shabazi. Nicht die einzige, aber eine der kreativsten Adressen in Neve Tsedek, wenn es um Judaica-Schmuck geht.

🔒**181** [F7] **Villa Maroc**, 110 R. Yehuda HaLevi. Ein Paradies für Liebhaber orientalischer Gegenstände. Hier gibt es bezaubernde Teekannen, Kissen, Lampen, Taschen, Sandalen und vieles mehr.

Märkte

🔒**182** [D8] **Bezalel-Markt**, R. Beit Lekhem, So–Do 9–18, Fr 9–14 Uhr. Am Textilienmarkt unweit der Kreuzung Rehov Allenby/Rehov HaMelekh George V. heißt es, die „Spreu vom Weizen" zu trennen. Auf den ersten Blick gibt es hier fast

Tel Aviv zum Stöbern und Shoppen

Shop 'n' Stop

Tel Aviv ist ein Paradies für Shopper und Stadtbummler, denn es gibt nicht nur ein wirklich reiches Angebot an Geschäften, sondern man findet auch sehr viele Cafés, Imbissbuden, Fruchtsaftstände und Bänke in den allgegenwärtigen Parks und Alleen, die zum Rasten und Durchatmen einladen. Für einen koffeintechnischen Zwischenstopp im Kaufrausch kann man z. B. im alten Bahnhof **HaTachana** ⓭, in den diversen Lokalen im Namal Tel Aviv ㉔ oder im **Bookworm** (s. S. 80) einen Halt einlegen.

nur minderwertige Schleuderware an Wühltischen. Wer gründlich sucht, kann jedoch auch Hochwertiges zu Minimalpreisen finden.

183 [D9] **Nachalat Binyamin,** R. Nachalat Binyamin, Di, Fr 10–17 Uhr. Die Gegend der Rehov Nachalat Binyamin bildet das Kurzwaren- und Textilviertel der Stadt, in dem dienstags und freitags eine Art Open-Air-Festival für Kunsthandwerk und Straßenperformances stattfindet. Dann bummelt man hier entlang der Stände, auf denen nicht nur Souvenirjäger fündig werden dürften. Ob kunstvoll gearbeitete Keramiken, Malerei, Holzspielzeug, Lederwaren oder Schmuck, auf dem Markt findet sich ein überaus reiches Angebot an Schönem, Hochwertigem und v. a. Ausgefallenem, denn die hier meist selbst verkaufenden Hersteller sind in der Regel äußerst talentiert.

184 [G7] **Sarona Market,** 3 R. Aluf Kalman Magen. Im Südteil der ehemaligen Templersiedlung Sarona ⓱ befindet sich dieser überdachte Delikatessenmarkt, in dem auf 8700 m² über 90 Shops, Lokale und Imbissstände ihre Leckerbissen feilbieten.

185 [F7] **Shuk Atikot,** Kikar Givon, Fr 8–16 Uhr. Hier findet man hochwertige Antiquitäten, aber auch Trödelware, Judaica-Artikel, Schmuck und vieles mehr.

❻ [C8] **Shuk HaKarmel.** Der schönste und traditionsreichste Markt Tel Avivs mit unzähligen Fleisch-, Fisch-, Obst- und Gemüsehändlern, einigen Restaurants, Imbissbuden, Saftständen und Souvenirshops, die von T-Shirts über Judaica-Artikel, Musik und Filme bis zu Ramsch alles anbieten. Am lebendigsten ist der Markt am Freitag, wenn die Händler kurz vor Shabbat-Beginn die letzte Ware verkaufen wollen und die Preise purzeln!

186 [B2] **Shuk HaNamal,** Namal, Hangar, https://shukhanamal.co.il, tägl. ab 9 Uhr. Der relativ kleine Hafenmarkt („Shuk HaNamal") befindet sich auf zwei Stockwerken und lädt nicht nur zum Einkaufen von Gewürzen, Pflanzen, Obst und Gemüse sowie zahlreichen lokalen Spezialitäten und Delikatessen ein, sondern auch zum Schlendern, Beobachten und Genießen. Jeden Freitagvormittag findet außerdem an der ehemaligen Verladestation gegenüber ein Open-Air-Bauernmarkt statt.

187 [B12] **Shuk HaPishpeshim,** im nördlichen Teil Jaffas, zwischen der Rehov Yefet und der Sderot Yerushalayim. Außer Samstag findet jeden Tag ab 9 Uhr der für Schnäppchenjäger lohnenswerteste und gleichzeitig schönste Flohmarkt Tel Avivs statt. Große Bandbreite diverser Verkäufer, die von billigen Textilien über allerlei ausgefallenen Krimskrams bis zu (teuren) Antiquitäten alles anbieten.

188 Shuk HaTikva, R. HaTikva, So–Fr 6–18 Uhr. Der Geheimtipp unter den Lebensmittelmärkten im Südosten der Stadt. Wer nicht zum Einkaufen kommt, findet hier auch reichlich ausgefallene Gaumenfreuden.

Lebensmittel

In den folgenden Geschäften finden sich viele süße Mitbringsel wie der in Israel weit verbreitete und heiß begehrte *'Ugat gvinah* (Käsekuchen), aber auch allerlei andere leckere Sachen. Die Versuchung, sie noch im Hotel zu „vernaschen", stellt allerdings eine der Hauptgefahren eines Tel-Aviv-Besuchs dar!

> **189** [F7] **Anise**, 3 R. Aluf Kalman Magen (Sarona Market). Dieses Geschäft verkauft ausgewählte Produkte aus Israel. Neben Lebensmitteln finden sich auch natürliche Nahrungsergänzungsmittel und Beauty-Produkte. Filialen gibt es auch andernorts in der Stadt.
> **190** [E5] **Bakery**, 72 R. Ibn Gabirol. Bakery ist in Tel Aviv eine Institution für ausgefeilte Konditorei- und Confiseriekunst. Die verschiedensten Kreationen von Sandwiches über *madeleines*, *tartines* und Croissants bis hin zu feinen Konfitüre- und Brotsorten sind famos.
> **191** [C8] **Halva Center**, Shuk HaKarmel. An diesem Stand auf dem Shuk HaKarmel ❻ gibt es eine wahrhaftig unaussprechlich gute Auswahl an der Halva genannten Süßspeise aus einem Mus von Ölsamen und Honig.
> **192** [C5] **Le Palais des Thés**, 131 R. Meir Dizengoff. Umfangreich und exquisit zugleich ist die Auswahl an Teesorten und -utensilien in diesem Geschäft. Filialen gibt es auch andernorts in der Stadt.
> **193** [D10] **Levinski-Gewürzmarkt**, Rehov Levinski, zwischen Rehov Herzl und Rehov Ha'aliyah, Buslinien 3, 18, 19, 25, 72, 83, 84, So–Do 8–18, Fr 8–15 Uhr. Hier bietet eine Vielzahl von Händlern ihre Waren feil, darunter viele, die ihre Wurzeln in anderen Ländern des Nahen Ostens, aber auch z. B. in Griechenland haben.
> **194** [E9] **Max Brenner**, 41–45 Sderot Rothschild, www.maxbrenner.com. Die Filiale dieser israelischen Chocolaterie ist im wahrsten Sinne des Wortes ein „gefundenes Fressen" für Freunde des „braunen Goldes". Ob Konfekt, Mousse oder Schokoladeneis – die süßen Seiten des Lebens werden hier groß geschrieben.
> **Olia**, Shuk HaKarmel ❻. Bei Olia auf dem Shuk HaKarmel findet sich die vielleicht größte Auswahl an Olivenöl in ganz Israel. Die meisten Produkte kommen aus nationalen Genossenschaften. Es gibt auch zahlreiche Essigsorten und Dressings.
> **195** [D6] **Teva Castel**, 101 R. Meir Dizengoff. Dieser Biosupermarkt bietet organische Lebensmittel, das Meiste kommt direkt aus Israel.

Tabak, Wein und Spirituosen

> **196** [D6] **Aperitif**, 93 R. Meir Dizengoff. Neben einer großen Auswahl an Weinen finden sich hier auch reichlich andere alkoholische Getränke wie Schaumweine, Schnäpse, Liköre u. a.
> **197** [C3] **Mendel Kosher Wine**, 200 R. Ben-Yehuda. Bei Mendel hat man sich auf eine überschaubare, aber professionelle Auswahl an israelischen, koscheren Weinen spezialisiert. Und dabei ist fachkundige Beratung (auch auf Deutsch) Ehrensache!
> **198** [C2] **Porto Vino**, Namal, Hangar 7, Tel. 03 5442789, www.portovino.co.il. „This is a man's world" könnte das Motto dieses auf edle Rauchwaren und Weine, Whisk(e)ys und Champagner spezialisierten Geschäfts inmitten des alten Hafengebiets sein, denn vor allem männliche Kunden füllen hier den Zigarrensalon.
> **199** [F7] **Wine & More**, 25 R. Carlebach. Die eleganteste, aber auch hochpreisigste Vinothek der Stadt mit einer Vielzahl an internationalen Topweinen und ausgewählten Delikatessen.

Tel Aviv zum Durchatmen

In einer Stadt, in der man es selten weiter als einen Kilometer bis zum **Meer** hat, und die diverse **Parks, Garten- und Grünanlagen** bietet, findet man fast überall perfekte Örtchen zum Ausspannen. Angenehm ist, dass der „Coffee to Go" sich auch in Tel Aviv größter Beliebtheit erfreut und mittlerweile praktisch in jedem Café käuflich erworben werden kann, sodass man nicht auf Terrassen angewiesen ist. Bei schlechtem Wetter bieten die allgegenwärtigen **Lokale** und **Imbissbüdchen** auch dem redefaulen Morgenmuffel die Möglichkeit, in Ruhe seinen Cappuccino samt Zeitung zu genießen.

Neben den Hauptsehenswürdigkeiten wie der Sderot Rothschild ❾ und der Sderot Ben-Gurion ㉒, die beide über Grünstreifen verfügen, finden sich noch viele weitere mehr oder weniger bekannte Flecken und Orte zum Entspannen. Alle stadtparkähnlichen Anlagen sind eintrittsfrei und haben keine besonderen Öffnungszeiten.

●**200** [B10] **Charles Clore Park.** Der Charles Clore Park liegt im südlichen Teil der Tayelet genannten Uferpromenade. Aufgrund seiner Lage zwischen der Innenstadt und Jaffa stellt er auch für müde Shopper den idealen Ort dar, um ein bisschen durchzuatmen und Kraft zu sammeln. Auf den Parkbänken an der Felsküste scheint der Großstadtstress – nicht zuletzt wegen des Weitblicks aufs Meer – vorerst vergessen.

●**201** [C3] **Gan Ha'atzmaut.** Der Gan Ha'atzmaut – Hebräisch für „Unabhängigkeitsgarten" – befindet sich hinter dem Hilton Hotel und bildet eine meist wenig frequentierte Alternative zum nahegelegenen Hilton Beach. Wie der Strand ist auch der Park gerade in schwulen Kreisen beliebt. In der ganzen Umgebung befinden sich sog. *Butkes*, also kleine Imbissbüdchen.

●**202** [A12] **Gan HaPisgah.** Der Gan HaPisgah liegt im alten Teil Jaffas, südöstlich des Kikar Kedumim auf dem Tel Yafo genannten Hügel, von dem man einen beeindruckenden Blick über die Küstenlinie und Tel Aviv hat. Er bietet neben einer großen Liegewiese ein weitschweifiges, von schattigen Bäumen durchzogenes Areal, in dem Wege zu Spaziergängen und Bänke zum Verweilen einladen. Man wandelt über die sogenannte „Wunschbrücke", betrachtet das „Standbild des Glaubens" und man

kann einige historische Ausgrabungsstätten, u. a. aus der Zeit des pharaonischen Ägypten wie den Ramses-Torbogen besichtigen.

- **203** [D7] **Gan Meir.** Zwischen der Rehov HaMelekh George V. und der ruhigeren Rehov Tchernihovski liegt der relativ große Park Gan Meir, der sich vor allem dazu eignet, sich von den Strapazen des Stadtbummels zu erholen, denn durch seine Grünfläche bietet er ein Stückchen „grüne Lunge" im zentralen Teil der Stadt. Besonders Kinder werden den Park wegen seines Abenteuerspielplatzes lieben und wer Hunde mag, kommt im südöstlichen Teil des Gan Meir – hier befindet sich ein abgegrenzter Teil für Vierbeiner – sicherlich auf seine Kosten.
- **204 Tel-Afek-Nationalpark**, der Haupteingang befindet sich auf der Straße von Petah Tikva nach Rosh Ha'Ayin zwischen dem Kibbuz Giv'at HaShlosha und dem Kibbuz Einat, Buslinien 7, 17, 27, 93, Eintritt 28 NIS, ermäßigt 14 NIS. Wer den östlich des Yarkon Park gelegenen Tel-Afek-Nationalpark besuchen möchte (Besuchszeit mindestens zwei Stunden), sollte keinesfalls die osmanischen Ausgrabungen auf dem Hügel übersehen.
- **205** [E1] **Yarkon Park** (auch Ganey Yehoshua genannt), Buslinien 24, 25, 27. Aus Tel Afek kommend, trennt der knapp 28 km lange Yarkon-Fluss Tel Aviv und das nördlich davon liegende Ramat Aviv voneinander. Entlang der letzten Kilometer vor der Mündung befindet sich ein ausgedehntes, 380 ha großes Naherholungsgebiet. Die asphaltierten Wege entlang beider Ufer laden zu Spaziergängen, zum Rollerblade- und Fahrradfahren ein, aber es gibt auch Möglichkeiten zum Klettern oder für eine Tretboot- oder Kajaktour – Anmietmöglichkeiten für das Equipment befinden sich in der Nähe der Ibn-Gabirol-Brücke. Der Großteil dieses Gebiets ist verkehrsberuhigt und man findet Spiel-, Sport-, Minigolf-, Trampolin- und Grillplätze. Das Amphitheater im Park wird bei Konzerten genutzt und dann von Tausenden Musikliebhabern besucht. Wer Action sucht, der kann sich in den Hochseil- und Kletterpark Skytown TLV (www.skytown.co.il) aufmachen oder zu einer Heißluftballonfahrt (https://tlv-baloon.co.il) starten.
- **206** [A12] **Yoko Kitahara,** 5 Kikar Kedumim, Tel. 03 6058339, www.yokokitahara.com. In einem alten osmanischen Gebäude inmitten von Jaffas Altstadt ist dieses Spa-Zentrum im schlichten japanischen Stil beheimatet. Verschiedene Bäder, Massagen und sonst so ziemlich alles, um dem Körper wieder Energie zu verpassen, finden sich in diesem Kleinod der Sinnlichkeit.

◁ *Besonders die allgegenwärtigen Grünstreifen um die Sderot Rothschild* ❾ *laden zum Relaxen ein*

▷ *Am Alma Beach zu Füßen Jaffas geht es in der Regel recht entspannt zu*

Zur richtigen Zeit am richtigen Ort

Es gibt glücklicherweise keine „beste" Zeit, um Tel Aviv zu besuchen, denn jede Jahreszeit hat ihren besonderen Reiz. Natürlich bevorzugen viele Besucher den Frühling und Sommer, da eine Vielfalt an Aktivitäten im Freien möglich sind, doch auch einen Stadtbesuch im Herbst sollte man in Erwägung ziehen: Wenn es in Mitteleuropa bereits kalt und nass ist, kann man sich in Tel Aviv immer noch an der Sonne laben und gleichzeitig die Zeit für ausgiebige Museums- und Theaterbesuche, Konzerte und kulinarische Genüsse in den Lokalen der Stadt nutzen. Sogar der meist milde, aber manchmal verregnete Winter hat seine positiven Seiten, denn dann wird in Tel Aviv heftig gefeiert! Die meisten Feiertage richten sich nach dem jüdischen Kalender und ändern sich jedes Jahr geringfügig. Spezifische Informationen hierzu erhält man unter www.hagalil.com, für tagesaktuelle Veranstaltungsvorschläge kann man sich auf www.visit-tel-aviv.com schlau machen.

Januar, Februar, März

› Zwischen Ende Januar und Anfang Februar fällt der Feiertag **Tu Be Shevat** – das Neujahrsfest der Bäume. Es werden Bäume gepflanzt, man isst Obst und Nüsse und die Stadt tickt etwas langsamer als sonst.
› Im März steht Tel Aviv ganz im Zeichen von **Purim**, einer jüdischen Mischung aus Karneval und Halloween. Nicht nur die Kinder lieben es, in Verkleidung durch die Straßen zu ziehen, und in den Kneipen und Clubs wird überall wild gefeiert.
› Mitte März organisiert das Suzanne Dellal Centre (s. S. 77) alljährlich ein **Flamenco-Festival** (www.keren-adi.org).
› Am Frühlingsende findet der **Tel Aviv Marathon** statt, eines der größten Breitensportevents des Landes (www.tlvmarathon.co.il).

Zum Yom Ha'atzmaut erstrahlt Tel Aviv in patriotischem Weiß und Blau

April, Mai, Juni

> Im April feiert man über eine Woche lang **Pessach,** das Fest, das an den Auszug der Israeliten aus Ägypten erinnert. Es handelt sich v. a. um ein Familienfest, weshalb viele Restaurants und Shops – speziell am ersten (Seder-)Abend – geschlossen bleiben. Außerdem steigen die Hotelpreise, da Ferienzeit ist. Zu Pessach werden in strenggläubigen jüdischen Haushalten keine gesäuerten Brote, sondern nur die sogenannte Mazzes gegessen und viele Familien versuchen, sich koscher zu ernähren. Am letzten Tag des Pessach-Festes feiern marokkanische Juden **Mimoona**, ein Fest der „offenen Türen" mit reichlich lokalen Leckerbissen – in vielen Privathaushalten sind dann Fremde willkommen!
> Etwa eine Woche nach Pessach gedenkt man am **Yom HaShoah** – dem Holocaust-Gedenktag – in zwei Schweigeminuten (durch einen Alarm im ganzen Land angekündigt) der sechs Millionen Juden, die durch die Nazis ermordet wurden.
> Ebenfalls Anfang April findet im Felicja Blumental Music Center (s. S. 77) das **Internationale Musikfestival** mit klassischer Musik statt (https://fbmc.co.il/en/festival/felicja-blumental-festival).
> Zwischen Mitte April und Anfang Mai erinnern die Israelis am **Yom Ha'atzmaut** und dem Vortag, dem Yom HaZikaron, an die Staatsgründung im Jahre 1948 und feiern bei Umzügen das Bestehen ihres Landes.
> Im Mai findet das **Lag BaOmer** genannte Feuerfest statt, das an Simon Bar-Kochba erinnert, einen jüdischen Aufständischen, der sich gegen die Römer auflehnte. Kinder und Erwachsene veranstalten Picknicks und versammeln sich um Lagerfeuer. Außerdem heiraten an diesem Tag viele Pärchen, denn die Gebote der Trauerzeit, die für die 49 Tage zwischen Pessach und Shavuot gelten, sind dann ausgesetzt.
> Im Mai findet in der Cinematheque (s. S. 76) eine Woche lang das Dokumentarfilmfestival **Doc Aviv** (www.docaviv.co.il) statt.
> In der zweiten und dritten Woche im Mai steht die Stadt im Zeichen der **Arthur Rubinstein Piano Competition** (https://arims.org.il), bei der sich Pianisten aus aller Welt messen.
> Im Juni findet das Erntedankfest **Shavuot** statt, bei dem traditionell Milch getrunken und „milchige Speisen" (Eierkuchen mit Quark, Käsekuchen usw.), Obst und Honig gegessen werden. Viele Israelis tragen dann weiß und an verschiedenen Orten der Stadt kann man Zeuge diverser Veranstaltungen werden.
> An einem Wochenende im Juni feiert die schwul-lesbische Community Tel Avivs mit der **Gay Parade** ihre größte Party.
> Ende Juni/Anfang Juli öffnen in der **White Night** unzählige Restaurants und Kulturstätten die ganze Nacht ihre Türen und es finden Musik-, Tanz, Theater- und Literaturevents statt.

Juli, August, September

> Im alten Teil Jaffas veranstaltet man als eine Art **Sommerfest** im Juli jeden Samstag an verschiedenen Orten unterschiedliche Performances.
> Der Yarkon Park (s. S. 85) verwandelt sich im Juli zum Treffpunkt für Opernfans. Dann führt die **Israeli Opera** ihre Vorstellungen auf einer riesigen Bühne *open air* und für die Besucher auf dem Rasen kostenlos auf. Außerdem gibt es viele weitere Tanz- und Musikevents.
> Anfang Juli wird auf der Sderot Rothschild ❾ eine Art **Straßenfest** mit Kunsthandwerksständen, Gastronomie und Kultur abgehalten.
> Mitte Juli tanzen Künstler während des **Suzanne Dellal's World Dance Festi-**

val auf einer Open-Air-Bühne im Yarkon Park (s. S. 85) alles von Ballet bis zu Improvisations- und modernen Tanzstilen.
> Anfang August beherbergt die Cinematheque (s. S. 76) ein internationales Comic- und Trickfilmfestival namens **Animation, Comics and Caricature Festival.**
> Mitte August steht die Stadt im Zeichen der Liebe, denn der **Tu Be'Av** – auch **Chag Ha'Ahava** genannt – ist die jüdische Variante des Valentinstags. Die Stadt „versinkt" dann in einem Meer aus roten Herzen und Rosen.
> Der jüdische Trauertag **Tisha Be'Av**, an dem besonders die orthodoxen Juden der Zerstörung des Jerusalemer Tempels gedenken und die meisten Bars und Clubs geschlossen bleiben, fällt meist auf den August.
> Meist in der ersten Septemberhälfte kann man während des Architekturevents **Houses from Within** zwei Tage lang repräsentative Privatwohnungen besichtigen (www.batim-il.org/en).
> Im September oder Anfang Oktober findet das jüdische Neujahrsfest **Rosh HaShana** statt, zu dem auch Tausende Juden aus dem Ausland in die Stadt kommen und dadurch die Hotelpreise in die Höhe schnellen lassen. Man isst viel Süßes und verbringt den Tag in der Regel mit der Familie.
> Ende September oder bereits Anfang Oktober findet **Yom Kippur**, der höchste jüdische Feiertag statt. Es ist ein Fastentag, an dem man sich traditionell weiß kleidet und an dem ausnahmslos alle Büros, Geschäfte, Restaurants, Kneipen und Cafés geschlossen sind. **Das öffentliche Leben steht gänzlich still.** Alle Grenzübergänge und Transportpunkte (auch der Flughafen) sind geschlossen. Es gibt weder Radio- noch Fernsehprogramme und obwohl es kein behördliches Fahrverbot gibt, sind die Straßen bis auf Krankenwagen fast komplett autofrei. Dafür sind besonders in Tel Aviv viele Radfahrer unterwegs und das Leben am Strand läuft zu Höchstformen auf.

Oktober, November, Dezember

> Im Oktober feiert man **Sukkot,** das Laubhüttenfest. Gläubige Juden bauen dann in Erinnerung an den Auszug aus Ägypten, als die Israeliten in provisorischen Behausungen wohnten, dort wo sich Platz dafür bietet – im Garten, im Hof, auf dem Parkplatz, Balkon oder Dach – eine mit Ästen, Stroh oder Laub gedeckte Hütte, die sog. *Sukkah*, die unter freiem Himmel stehen muss. Sieben Tage nach Sukkot geht an **Simhat Tora** der jährliche Lesezyklus der Tora in den Synagogen zu Ende.
> Etwa in der zweiten Oktoberhälfte feiert die Gay Community ein Wochenende lang das **Endless Summer Weekend** mit schwul-lesbischen Events an verschiedenen Orten der Stadt. Zeitgleich findet ein großes LGBT+-Filmfestival in der Cinematheque (s. S. 76) statt.
> Im November organisiert das Suzanne Dellal Centre (s. S. 77) zusammen mit dem Performing Arts Center (s. S. 77) das **International Exposure Festival,** bei dem Tanzensembles aus der ganzen Welt auftreten. Es ist weltweit eines der namhaftesten Festivals seiner Art.
> Das jüdische Pendant zu Weihnachten ist **Chanukka**, das achttägige Lichterfest, das an die Wiedereinweihung des zweiten jüdischen Tempels in Jerusalem erinnert. Auch hierbei handelt es sich in erster Linie um ein Familienfest, doch das Leben steht im Unterschied zu anderen Feiertagen nicht komplett still.
> **Silvester** feiert man in Tel Aviv am besten in einer der Bars oder Clubs am Namal ❷. Zwar ist in der Regel der folgende Tag ein regulärer Arbeitstag, dennoch wird gefeiert, was das Zeug hält.

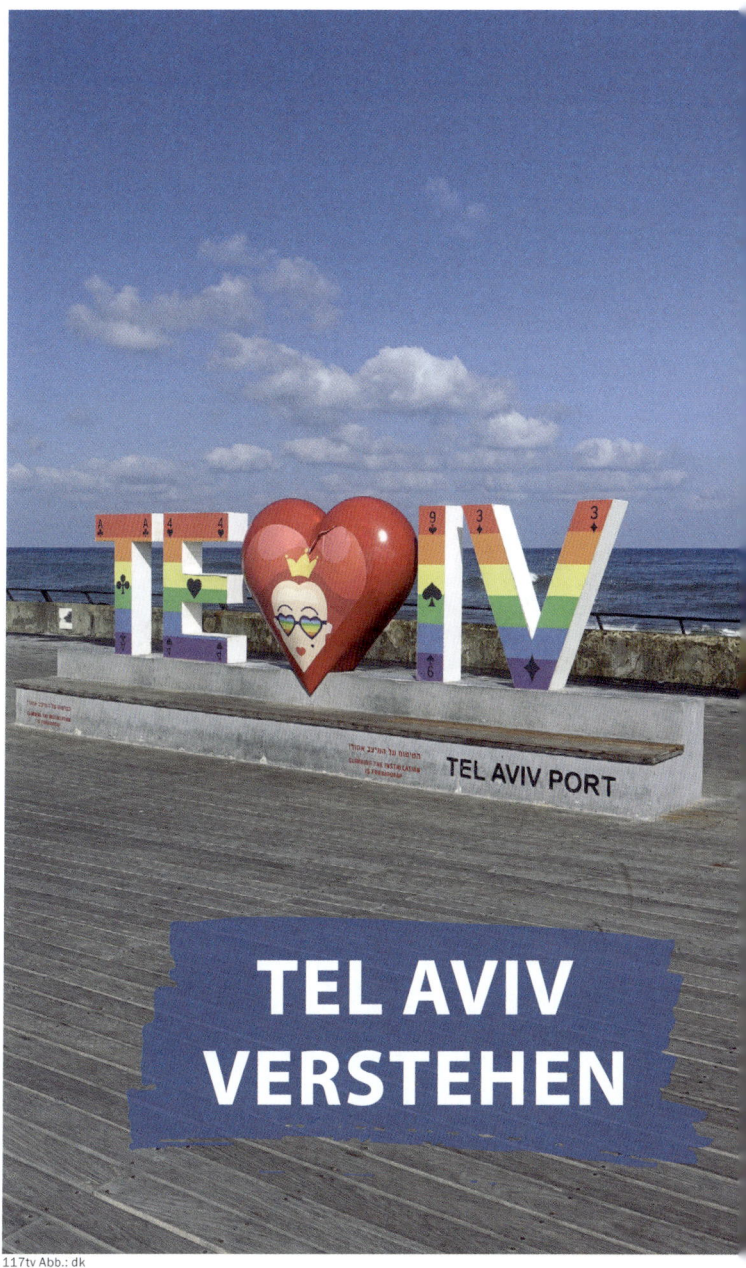

TEL AVIV VERSTEHEN

Tel Aviv – ein Porträt

Tel Aviv hat zahlreiche Gesichter, ob als sorglose Partyhauptstadt, als geschäftiges Hightech- und Finanzzentrum oder als Melting Pot eines Einwanderungslandes, in dem Weltoffenheit und Multikulturalität selbstverständlich sind. Die Großstadt am Mittelmeer ist in Israel in erster Linie für ihren ausgelassenen, locker-liberalen und vor allem extrem säkularen Lebensstil bekannt, für ihre unzähligen gemütlichen Cafés, die Spitzenrestaurants und die Clubs, die längst mit denen in London, Ibiza oder New York mithalten können.

Doch Tel Aviv ist keine stressige Megametropole, selbst wenn sie sich gerne als „the city that never sleeps" bezeichnet. Hier geht es einfach entspannter, lässiger und unkomplizierter zu, als an vielen vergleichbaren Orten, denn unter dem Begriff Tel Aviv versteht man nicht nur eine Stadt, sondern eine Art Weltanschauung, auf die man sich am besten einstellt, indem man ein paar Gänge runterschaltet und bei einem kühlen Drink alles ganz langsam auf sich zukommen lässt.

Tel Aviv ist nicht Jerusalem, hier gibt es keine lange Liste von Sightseeing-Musts, keine absolut sehenswerten Ausgrabungsstätten, in sich zusammengefallene Steinzeugen vergangener Jahrhunderte oder sonst irgendetwas, das den Geschichtsprofessor aus den Socken hebt. Im Gegenteil: Die Stadt begeistert einfach durch ihr Flair und ihre Atmosphäre.

Tel Aviv liegt unmittelbar am **Mittelmeer** und stellt mit einer Fläche von rund 52 km² und fast 461.000 Einwohnern nach Jerusalem die **zweitgrößte Stadt Israels** dar. Hinzukommen zigtausend Pendler, die im Stadtgebiet erwerbstätig sind, jedoch außerhalb wohnen. Zusammen mit den angrenzenden Städten Ramat Gan, Givatayim, Holon, Bat Yam, Bnei

◁ *Vorseite: Wortspiel im Namal* **24***:*
„Herz" heißt auf Hebräisch „Lev"

▽ *Postkartenperspektive: Tel Avivs Küstenlinie von Jaffa aus gesehen*

Tel Aviv – ein Porträt

Brak usw. bildet die Stadt den **Großraum Tel Aviv** (Gush Dan), in dem heute etwa 4,05 Millionen Menschen leben, sprich etwa 43 % der israelischen Bevölkerung.

Wer Tel Aviv zum ersten Mal besucht, dem wird vor allem die uneinheitliche, provisorisch anmutende **Skyline** auffallen, die weit verzweigt die gesamte Küstenlinie vereinnahmt, während sich dahinter mehrheitlich drei- bis vierstöckige Wohnhäuser anschließen. **Natürliche Erhöhungen** gibt es so gut wie nicht, sieht man von ein paar Hügeln im Stadtteil Jaffa ab. Wirklich allgegenwärtig ist dafür das Meer, das man an den **langen Sandstränden** – sie stellen eine Art „natürliches Wohnzimmer der Stadt" dar – genießen kann und dabei räumlich nur wenige Meter, **erholungstechnisch** jedoch eine halbe Ewigkeit vom Trubel der City entfernt ist.

Durch die einigermaßen **übersichtliche Stadtgliederung** mit der Innenstadt, die eben nur einen Steinwurf weit von der Küstenlinie entfernt liegt, findet man sich relativ einfach zurecht und aufgrund der **überschaubaren Größe** ist Tel Aviv prädestiniert dafür, per pedes erkundet zu werden. Zwar mag die Stadt auf den ersten Blick keine Augenweide sein – vielerorts ist sie sogar auffallend hässlich –, sie stellt jedoch einen spannenden „**Architekturcocktail**" dar, bei dem man immer wieder auf den pragmatischen Dialog zwischen Alt und Neu stößt. So z. B. in Form der **historischen Viertel** wie Neve Tsedek ⓬, der American Colony und Noga ⓰ oder den osmanischen Gebäuden Jaffas auf der einen und den sich direkt daneben offenbarenden Hochhäusern des Geschäftsviertels und der Strandpromenade auf der anderen Seite. Wirklich einmalig ist Tel Aviv für seine **Bauhaus-Architektur**, die in Form der Weißen Stadt ⓫ seit 2003 zum Weltkulturerbe der UNESCO zählt. Interessant ist hier, dass die Stadt – aus dem Bedürfnis heraus, möglichst schnell, möglichst viel Wohnfläche auf engem Raum zu schaffen – bereits zu einer Zeit bahnbrechend modernistisch war, als man sich in Europa noch den alten Dogmata der **Bauästhetik** verpflichtet sah.

118tv Abb.: dk

Von den Anfängen bis zur Gegenwart

Die Geschichte Tel Avivs und Jaffas ist ungemein vielfältig. Sie erzählt von einer ägyptisch-kanaanitischen Siedlung am Mittelmeer, die sich zu einer wichtigen Hafenstadt, dann zur Kreuzfahrerfestung, später zum Schmelztiegel für Christen, Juden und Muslime, dann zu einem der Zentren der jüdischen Emigration und bis in die Gegenwart zur lebendigen Wirtschafts- und Partymetropole entwickelte.

Tel Aviv ist eine **pragmatisch angelegte Siedlung** vorrangig jüdischer Einwanderer, die 2009 gerade mal ihr **100-jähriges Jubiläum** gefeiert hat. Archäologen gehen aber davon aus, dass das Gebiet um **Jaffa**, Tel Avivs südlichem Stadtteil, schon 3500 v. Chr. besiedelt war. Jaffa (auf Hebräisch Yafo) wurde 1950 eingemeindet und das gesamte Stadtgebiet heißt seitdem offiziell **Tel Aviv-Yafo.**

Nachdem in Jaffa über Jahrhunderte vorrangig Araber christlichen und moslemischen Glaubens gelebt hatten, siedelten sich ab der zweiten Hälfte des 19. Jahrhunderts auch wieder immer mehr Juden an. Sie kamen vor allem aus Marokko und dem Jemen und später, durch das Aufkommen des **zionistischen Gedankens** durch Theodor Herzl (1860–1904), der die Verfolgung der (europäischen) Juden voraussah und ihnen mit einem eigenen, jüdischen Nationalstaat eine sichere Heimat schaffen wollte, auch aus Zentral- und Osteuropa, sodass nördlich des historischen Kerns schnell weitere **Wohngebiete** entstanden. Dies lag einmal an der prädestinierten Lage am Meer, südlich des Yarkon-Flusses, aber auch daran, dass Jaffa zu jener Zeit einen recht **bedeutsamen Handels- und Pilgerhafen** hatte. Gegründet wurde Tel Aviv dann als in den Dünen der sandigen Küstenebene versteckte Gemeinde im Jahr **1909** und der Zustrom von neuen Einwanderern wuchs stetig an und machte sie rasch zur Stadt. Nach dem Ersten Weltkrieg und verstärkt während und kurz nach dem Zweiten Weltkrieg **stieg die Bevölkerungszahl** aufgrund der vielen Flüchtlinge innerhalb kurzer Zeit auf über 150.000.

Als Israel am **14. Mai 1948** in die Unabhängigkeit entlassen wurde, hatte Tel Aviv über 200.000 Einwohner und die Entwicklung der Stadt hat seitdem nicht aufgehört, stellt sie doch heute die lebenswerteste Metropole Israels dar. Kein Wunder, denn welch andere Großstadt bietet neben einem derart umfassenden **Lifestyle-Angebot** nicht nur Strand und Sonne, sondern auch sonst so ziemlich alles, was den Alltag angenehm macht?

Von den Anfängen bis zur Gegenwart

Vorchristliche und römische Zeit

ca. 3500 v. Chr. Mögliche erste Besiedelung Jaffas

1800–1600 v. Chr. Gründung der ersten befestigten Siedlung in Jaffa

ca. 1450 v. Chr. Erwähnung Jaffas in ägyptischen Inschriften unter dem Namen *Ipu* als kanaanitische Siedlung, die vom Pharao Thutmosis III. erobert wurde

1200–1000 v. Chr. Gründung einer israelitischen Siedlung in der Umgebung von Jaffa

ab 1150 v. Chr. Abwechselnde Herrschaft durch die Philister und die Israeliten

ca. 960 v. Chr. Zedern aus dem Libanon werden über Jaffa nach Jerusalem gebracht, um den ersten jüdischen Tempel zu errichten.

721 v. Chr. Die Assyrer landen in Jaffa und erobern von hier aus ganz Israel.

ab ca. 586 v. Chr Babylonische Herrschaft, dann Einmarsch der Perser

ab 333–152 v. Chr. Griechen siedeln in Jaffa und taufen es *Joppa*. Herrschaft der Ptolemäer und Seleukiden.

ca. 164 v. Chr. Die Makkabäer übernehmen kurz die Macht, Jaffa wird zum wichtigsten Hafen ihres Reiches.

37 v. Chr. bis 395 n. Chr. Die Römer herrschen über Jaffa, doch wegen der Loyalität der Einwohner zu den Hasmonäern baut Herodes Caesarea zum größten Hafen aus. Jaffa verliert in Folge an Wichtigkeit. Unter Konstantin dem Großen wird die Stadt Bischofssitz.

ab 100 n. Chr. Neuerliches Aufleben der jüdischen Gemeinde Jaffas, nachdem die meisten Gemeindemitglieder vorher durch die Römer verbannt worden waren

324–640 Byzantinische Periode, Massaker an der jüdischen Bevölkerung durch die neuen Machthaber

bis 450 Jaffa ist als byzantinische Hafenstadt weitgehend christianisiert.

ab 614 Erneute Herrschaft der Perser

Tel Aviv in Zahlen

› **Gegründet:** 1909 (Tel Aviv), ca. 3500 v. Chr. (Jaffa)
› **Einwohner:** knapp 461.000
› **Einwohner je km²:** 8865
› **Höhe ü. M.:** 5 m

Mittelalter

636 Krieger des islamischen Kalifen Omar erobern Jaffa.

878 Ibn Tulun erobert Ägypten und Palästina und begründet die muslimisch-türkischstämmige Tuluniden-Dynastie. Jaffa ist wieder eine bedeutende Hafenstadt.

1099 Gottfried von Bouillon erobert im Rahmen des Ersten Kreuzzugs Jaffa und ernennt es zum „Hafen Jerusalems".

1134 Aufstand der Kreuzfahrer und einseitige Ausrufung einer Grafschaft Jaffa

1187 Niederlage der Kreuzfahrer. Der Ayyubiden-Sultan Saladin erobert die Stadt.

1191 Das Heer des Dritten Kreuzzugs unter Richard Löwenherz besetzt kampflos die Stadt.

1229 Friede von Jaffa zwischen Kaiser Friedrich II. und Sultan al-Kamil zugunsten der Kreuzfahrer, eine christliche Grafschaft wird ausgerufen.

1268 Mamluken erobern unter Sultan Baibar I. die Stadt und zerstören bzw. entvölkern sie weitestgehend.

1336 und 1345 An-Nasir Mohammad lässt den Hafen Jaffas zerstören, um eine Landung von fränkischen Kreuzfahrern zu verhindern.

◁ *Orient trifft Okzident: die Hassan-Bek-Moschee* ⓮ *inmitten des Hochhausdschungels*

Von den Anfängen bis zur Gegenwart

Neuzeit

ab 1516 Jaffa fällt an die Osmanen und kann in den Folgejahren seine alte wirtschaftliche Bedeutung zurückerlangen, insbesondere als Pilgerhafen auf dem Weg nach Jerusalem.

1600–1800 Gründung zahlreicher christlicher Zentren für Pilger

ca. 1750 Gründung des ersten jüdischen Pilgerheimes unter dem Konstantinopler Komitee

1799 Napoléon Bonaparte belagert Jaffa während seiner Ägyptischen Expedition. Plünderung durch die Franzosen und Hinrichtung des osmanischen Gouverneurs.

1800 Mithilfe der Briten baut Jaffa seine Befestigungsanlagen aus.

1820 In Jaffa wird seit Langem wieder eine Synagoge errichtet.

1832 Ägyptische Truppen unter Muhammad Ali Pascha erobern die Stadt.

1834 Arabische Revolte, Jaffa wird über 40 Tage von arabischen Freischärlern belagert.

1841 Neuerliche Machtübernahme durch die Osmanen, Jaffa besitzt eine kleine sephardische Gemeinde.

Jüngere Geschichte

ab 1860 Nordafrikanische Juden siedeln in Jaffa.

1867 Jaffa hat ca. 5000 Einwohner, davon 1000 Christen und 800 Juden, der Rest sind Muslime.

1872 Die Stadtmauern Jaffas werden geschleift.

ab 1880 Immer mehr aschkenasische Juden siedeln in Palästina.

1887–1904 Gründung der jüdischen Siedlungen Neve Tsedek (1887), Neve Shalom (1890) und Kerem HaTeimanim (1904) außerhalb von Jaffa

1904 Abraham Isaac Kook (1864–1935) kommt aus Lettland nach Jaffa und wird zum Oberrabbiner der dortigen aschkenasischen Gemeinde.

1909 Zionistische Siedler gründen nördlich von Jaffa den Ort Ahuzat Bayit, den sie ein Jahr später in Tel Aviv umtaufen.

1914–1918 Erster Weltkrieg, die Briten erobern im Spätherbst 1917 Jaffa von den Osmanen, die bereits vorher die Zivilisten zum größten Teil evakuierten.

1917–1920 Verstärkter Zuzug von Juden nach Jaffa

1920–1921 Arabische Ausschreitungen gegen Juden, viele jüdische Siedler ziehen nach Tel Aviv, das durch den Hochkommissar Sir Herbert Samuel eine eigene städtische Verwaltung erhält.

1925 Tel Avivs Bürgermeister Meir Dizengoff beauftragt Patrick Geddes mit der Stadtplanung.

1931 Das HaBimah-Theater wird in Tel Aviv gegründet, zahlreiche Häuser im Bauhaus-Stil entstehen.

1934 Tel Aviv erhält die volle Unabhängigkeit von Jaffa.

1936–1939 Arabischer Aufstand gegen die Briten, die mit Waffengewalt antworten und zahlreiche Häuser in Jaffa sprengen. Tel Aviv bekommt einen eigenen Hafen und der Flughafen wird errichtet.

1939–1945 Während in Europa der Zweite Weltkrieg wütet, kommen Zigtausend Flüchtlinge – meist illegal – in die britische Mandatszone Palästina. Die Bevölkerungszahl wächst 1945 in kurzer Zeit um 70.000 auf 230.000 Menschen.

1947 Die UN beschließt den Teilungsplan für Palästina mit einer arabischen und einer jüdischen Zone.

1948 Die jüdischen Milizen Haganah und Irgun erobern Jaffa und vertreiben einen Großteil der arabischen Bevölkerung. Jaffa wird mit der ehemaligen Vorstadt

▷ *Perfekt für Geschichtsfans: das ANU ㉑ in Ramat Aviv*

administrativ verbunden, die Stadtkombination erhält den Namen Tel Aviv-Yafo.

1949 Die israelische Regierung zieht nach Westjerusalem um, Tel Aviv wird zum kommerziellen Zentrum des Landes.

ab 1960 Viele alte Gebäude werden abgerissen, um die ersten Hochhäuser wie den Shalom Meir Tower ❽ bauen zu können.

ab 1970 verstärkter Zuzug sowjetischer Juden

1975–1980 Die Mietpreise steigen dramatisch, immer mehr Menschen ziehen in die billigeren Randgebiete. Die Bevölkerungszahl nimmt um etwa 70.000 ab.

ab 1980 Ausländische Botschaften ziehen aus Protest gegen das sog. Jerusalemgesetz von Jerusalem nach Tel Aviv. Die Stadt wird damit de facto die „diplomatische Hauptstadt" des Landes.

ab 1990 Nach dem Zusammenbruch des Ostblocks kommen knapp eine Million Neueinwanderer ins Land. Viele ziehen in den Großraum von Tel Aviv.

1991 Während des Ersten Golfkriegs wird Tel Aviv Opfer mehrerer Scud-Angriffe aus dem Irak.

ab 1994 Im Zuge der Ersten Intifada – dem palästinensischen Volksaufstand gegen Israel – finden zahlreiche terroristische Anschläge in der Stadt statt.

1995 Yitzhak Rabin wird vor dem Tel Aviver Rathaus erschossen.

2000–2006 Während der Zweiten Intifada leidet Tel Aviv erneut unter Selbstmordattentaten.

2005–2010 Verstärktes Interesse europäischer Juden an Immobilien in Israel.

2009 Tel Aviv feiert sein 100-jähriges Jubiläum.

2008–2012 Tel Aviv leidet unter der internationalen Wirtschaftskrise. Die Lebenshaltungskosten und die Immobilienpreise steigen dramatisch an.

ab 2016 Die Sicherheitslage bleibt weiter angespannt. Immer wieder kommt es überall im Land vereinzelt zu palästinensischen Terroranschlägen.

2018 Ron Huldai von der sozialdemokratischen Arbeitspartei wird zum 5. Mal (seit 1998) zum Bürgermeister gewählt.

ab 2020 Durch die Coronakrise und den Ukrainekrieg verteuert sich das Leben abermals.

2022 Zum ersten Mal regiert in Israel eine rechtspopulistisch-religiöse Regierung.

Leben in der Stadt

„Wenn ihr wollt, ist es kein Märchen!", ist der Untertitel von Theodor Herzls (1860–1904) utopischem Roman „Altneuland" (1902), in dem er ein idealistisches Bild eines künftigen Judenstaats entwirft. In der hebräischen Übersetzung von Nahum Sokolow (1859–1936) heißt das Buch „Tel Aviv" (Hebräisch für „Frühlingshügel"). Dieser Titel inspirierte die Namensgeber der 1909 neu gegründeten Stadt.

Im **politischen Sinne** ist Tel Aviv äußerst wichtig, so richteten die meisten Länder – eine Ausnahme bilden seit 2018 z. B. die USA – hier nach der Staatsgründung Israels ihre **Botschaften** ein, da der Status Jerusalems gemäß den Teilungsbeschlüssen der UN als unklar galt. Der israelische **Nachrichtendienst Mossad** hat hier seinen Hauptsitz, ebenso das Verteidigungsministerium und zahlreiche militärische Einrichtungen.

In Sachen **Bildung** ist Tel Aviv ebenfalls das Epizentrum des Landes: Die Universität Tel Aviv, die größte in Israel, befindet sich in Ramat Aviv, die zweite Universität im Großraum ist die Bar-Ilan-Universität in Ramat Gan. Zusammen haben beide mehr als 45.000 Studenten. Doch damit nicht genug: Der Großraum Tel Aviv ist die **reichste und leistungsfähigste Region** Israels mit der größten Dichte an Unternehmen des Dienstleistungs- und Finanzsektors, Banken, der einzigen Wertpapierbörse des Landes (Tel Aviv Stock Exchange), einer der bedeutendsten Diamantenbörsen weltweit, aber auch **Forschungs-, Entwicklungs-** und **Hightech-Betrieben**, die im internationalen Vergleich zu den besten zählen. Bereits in den 1990er-Jahren galt die Stadt, die in Anlehnung an das kalifornische Pendant gern **Silicon Wadi** (*Wadi* ist Arabisch für „Tal") genannt wird, als einer der zehn einflussreichsten Standorte der Technologiebranche. Durch den enormen Aufschwung der letzten Jahre hat sich die Position sogar noch verstärkt. Nach Kairo und Teheran ist sie in Bezug auf das Bruttosozialprodukt der **drittstärkste Wirtschaftsstandort** im Nahen Osten und gilt in der Region als einer der wichtigsten Stützpunkte für internationale Konzerne.

Durch seine zentrale Lage stellt Tel Aviv mit dem **Flughafen Ben-Gurion**, den Bahn- und Busbahnhöfen – das mehrstöckige Gebäude der Firma Egged gilt als zweitgrößter Busbahnhof der Welt, soll aber in absehbarer Zeit geschlossen werden – und dem Autobahnknotenpunkt außerdem eine der **bedeutsamsten Verkehrsdrehscheiben Israels** dar. Zwar beschert all das der Stadt ein **milliardenschweres Wirtschaftsvolumen**, aber dadurch auch eine sehr einseitige Ausrichtung. Infolge der **Finanzkrisen** von 2008 bis 2012 sowie in der Coronakrise und aufgrund des Kriegs in der Ukraine sanken die Steuererträge auch in Tel Aviv, die **Immobilien-, Benzin- und Lebenshaltungskos-

Tel Aviv – eine Welt für sich?

ten stiegen dramatisch bis in Sphären, die man aus Manhattan kennt, und machten die Stadt damit zu einer der teuersten weltweit. Dennoch: Tel Aviv ist lebenswert und erreicht auf der Rangliste internationaler Großstädte mit der **höchsten Lebensqualität** immer einen der vorderen Plätze. Glaubt man den Umfragen, so ist die Stadt die begehrteste (Wunsch-) Heimat der meisten Israelis. Dies gilt im Besonderen auch für viele Bürger, die ihre Wurzeln nicht in Israel haben und im Zuge der **Aliyah** genannten Einwanderung für Juden „zurück" ins Heilige Land gekommen sind. Kein Wunder, dass man dadurch Tel Aviv getrost als kosmopolitischen „**Melting Pot**", ja als „Karneval der Gegensätze" bezeichnen kann, wo Einflüsse der verschiedensten Nationen zusammenkommen und zu einem **bunten Potpourri** verschmelzen.

Die Realität ist aber leider auch, dass die Stadt höchst verletzlich ist. Die zahlreichen Anschläge während der **Zweiten Intifada** (2000–2005), aber auch seit den wieder zunehmenden Konflikten in der Westbank und dem Gaza-Streifen machen dies erneut deutlich. Und auch wenn die freidenkerische, ja liberale, aus der Tiefe des **Tel Aviver Lebensgefühls** gewachsene Weltanschauung, in der jeder so sein darf, wie er möchte, gerade das Besondere an der „Big Orange" genannten Stadt ausmacht, so dürfte Theodor Herzls eingangs erwähntes Zitat eine immer noch – wenn auch anfangs so nicht gemeinte – aktuelle Botschaft in sich bergen: Zwar ist das Leben in Tel Aviv bis heute kein Märchen, doch mag ein ausgelassener Tag am Strand oder eine wilde Clubbing-Nacht diese Feststellung widerlegen, denn wenn man etwas besonders gut kann in Tel Aviv, dann ist es leben!

Der Nahe Osten ist infolge der aktuellen Krisen und der zunehmenden Konflikte in naher und ferner Umgebung polarisiert wie lange nicht mehr. Doch wie reagiert man in Israels zweitgrößter Stadt auf die Veränderungen? „Tisrom achi, tisrom!" („Fließe, Bruder, fließe!"), hörte ich immer wieder von Freunden und Verwandten während meines Aufenthalte in Tel Aviv und wohl kein anderes Verb könnte die Lebensweisheit der Tel Avivim besser erfassen als dieses „lisrom", das soviel wie „mit dem Strom schwimmen" bedeutet.

Wer hier nicht ein wenig **Flexibilität** an den Tag legt, der wird unweigerlich anecken, denn es läuft in Tel Aviv eben gar nicht so wie in den meisten anderen Orten Israels und der Welt. Die Stadt entstand – entgegen allen Kritikern, die sie als **Utopie** bezeichneten – vor gerade mal etwas mehr als 110 Jahren **auf Sanddünen**, aus der Notwendigkeit heraus, eine unabhängige jüdische Siedlung jenseits der arabischen Wohngebiete gründen zu müssen, denn gut gesonnen war man den neuen jüdischen Einwanderern von Anfang an nicht. In den mehr als 70 Jahren seit der Unabhängigkeit Israels blieb und bleibt Tel Aviv, genau wie der Rest des Landes, in einer **Dauerhabachtstellung**, umgeben von Gegnern, von einem Teil der Weltgemeinschaft geächtet, und schaut doch voller Elan und Zuversicht in die **Zukunft**.

◁ *Surfen statt Shabbat:*
Persönlicher Freiraum ist vielen
Tel Avivim wichtiger als Religiösität

Während das nicht mal 60 km entfernte Jerusalem den **Brennpunkt** des Nahostkonflikts darstellt, hat man in Tel Aviv oftmals das Gefühl, in einem anderen Universum zu leben. Den Tel Avivim wird von anderen Israelis **Sorglosigkeit** und **Politikverdrossenheit** vorgeworfen, ja es fehle ihnen **eine ernsthafte Identität**. Sie sagen, dass man hier in einer **Blase** lebe, in der selbst in Zeiten politischer Eskalationen, während im Land Kurzstreckenraketen einschlagen oder sich Terroristen samt Unschuldigen in die Luft sprengen, in den Cafés und Clubs das **pure Leben** auf eine geradezu naive Weise pulsiert. Das ist schon möglich, doch es ist auch genau hier, wo es immer wieder zu friedlichen Proteste gegen die enormen Preiserhöhungen für Lebensmittel, Energie, Benzin, Mieten und Immobilien kommt. Für viele junge Tel Avivim haben diese Proteste aber einen noch viel stärkeren **symbolischen Charakter,** handelt es sich doch um innenpolitisch motivierte, „normale" Demonstrationen ohne die palästinensische Komponente und das Damoklesschwert eines möglichen Konflikts mit dem Ausland.

Geändert hat sich bis dato allerdings wenig. Bis heute ist die **Verteuerung** eines der größten Probleme der Stadt. So stiegen die **Immobilienpreise** in den letzten 20 Jahren in teilweise astronomische Höhen, nicht zuletzt durch eine starke Nachfrage von Juden aus dem Ausland – allen voran aus Frankreich und neuerdings aus Russland –, und der **Wohnraum** wird in der ohnedies aus allen Nähten platzenden Stadt immer geringer. Speziell junge Menschen können sich kaum mehr eine eigene Wohnung leisten und wer finanziell „bestehen" möchte, benötigt nicht selten mindestens zwei Jobs.

Auch der öffentliche Nahverkehr ist seit Langem ein beliebtes Diskussionsthema unter den Einwohnern der Stadt. Seit über 35 Jahren plant die Stadtverwaltung den Bau einer **Metro**, doch – scherzt man gerne – scheint die Umsetzung der Pläne vor dem Eintreffen des Messias eher unwahrscheinlich, auch wenn gerade mal wieder 2030 als konkretes Ziel genannt wird. Realität ist, dass die Tel Avivim auf ein relativ **uneffizientes** und **komplett überlastetes Bussystem** angewiesen sind und die **Parkplatzsituation** mindestens als katastrophal bezeichnet werden kann. Gott sei Dank gibt es noch Fahrrad, Scooter oder E-Roller und -Bikes.

Apropos Gott: Tel Aviv ist die **weltlichste** Stadt Israels. Religiosität ist hier Sache einer Minderheit und radikale politische Meinungen sind definitiv fehl am Platz. Die Stadt hat eine vorrangig **pazifistisch-linksliberal** eingestellte Bevölkerung, man deklariert sich als *gay friendly* und distanziert sich deutlich von den Ultranationalen. **Religiöser Fanatismus** oder gar eine Beeinträchtigung des persönlichen Freiraums durch religiöse Gesetze und Regeln werden strikt abgelehnt, sodass die Stadt von Seiten der **Orthodoxen** gerne als „gottlos" dämonisiert wird. Während dies noch vor wenigen Jahren undenkbar gewesen wäre, fahren heute in Tel Aviv selbst am Shabbat Busse und man deklariert sich sogar von oberster Stelle als LGBT-friendly. Wer koscher essen möchte, hat es hingegen nicht immer leicht.

Es stimmt, irgendwie ist die kleine Schwester des schwerfälligen Jerusalem eben doch anders und wer es „fließend" angeht, der wird in Tel Aviv keine Probleme haben. Ab und zu sollte man sich aber in Erinnerung rufen, dass man hier im Nahen Osten ist.

PRAKTISCHE REISETIPPS

An- und Rückreise

Nach Tel Aviv zu kommen, ist kein Problem. Die Stadt ist das Verkehrsdrehkreuz Israels, doch durch die außenpolitische Situation ist eine Anreise aus dem Ausland nur per Flugzeug und Schiff bzw. aus Ägypten und Jordanien auch per Bus möglich.

Mit dem Flugzeug

Direktverbindungen aus Deutschland, Österreich und der Schweiz bestehen derzeit aus Baden-Baden, Basel, Berlin, Düsseldorf, Frankfurt, Genf, Karlsruhe, Memmingen, München, Salzburg, Stuttgart, Wien und Zürich. Je nach Entfernung dauert ein **Direktflug** aus Mitteleuropa zwischen dreieinhalb und viereinhalb Stunden. Mit etwas Glück und einer frühzeitigen Buchung – möglichst außerhalb der Schulferien und nicht zu jüdischen Feiertagen – kostet ein Hin- und Rückflug ab 300 €.

Der **Ben-Gurion International Airport** liegt etwa 15 km südöstlich des Stadtzentrums und ist über die Autobahn 1 mit der Stadt verbunden. Am einfachsten gelangt man für 13 NIS mit dem halbstündlich fahrenden **Zug** (So–Do rund um die Uhr, Fr bis ca. 14, Sa ab ca. 19.30 Uhr, Ticket am Fahrkartenautomat oder Schalter) von der Station unterhalb des Ankunftsterminals zu den drei Bahnhöfen der Stadt: HaHagana, HaShalom und Tel Aviv Savidor Center (Fahrzeit 15–20 Min., Infos: www.rail.co.il/en).

Alternativ fährt man mit dem **Egged-Bus 5** (So–Do 5–22 Uhr, Fr bis ca. 16 und Sa ab ca. 18 Uhr) in Richtung Airport City und steigt an der El Al Junction aus. Von dort fahren mehrere Buslinien (alle 20–30 Minuten) zu verschiedenen Zielen in der Stadt. Hierzu benötigt man eine sog. Rav-Kav-Aufladekarte, die man bereits am Flughafen – z. B. in einem Kiosk oder Supermarkt – kaufen und aufladen sollte. Die Busfahrt kostet rund 15 NIS und die Fahrzeit beträgt insgesamt etwa 45 Minuten.

Eine **Taxifahrt** vom Flughafen in die Stadt oder umgekehrt sollte zwischen 150 und 200 NIS kosten, wobei die Fahrtzeit je nach Verkehrslage zwischen 25 und 45 Minuten dauern kann.

> **Ben-Gurion International Airport**, Tel. 03 9755555, www.iaa.gov.il

Anreise aus Eilat

Zahlreiche Lowcost-Airlines fliegen außerdem den **Flughafen Ramon**, bei Eilat am Roten Meer gelegen, an. Ab hier verkehren Busse nach Tel Aviv (Fahrzeit 5–6 Stunden, Preis pro Ticket ab 75 NIS, www.egged.co.il).

Mit dem Schiff

Tel Aviv verfügt über keine internationalen **Schiffsverbindungen**. Wer über den Seeweg nach Israel kommt, geht in der Regel in Haifa oder Ashdod an Land. Außer mit den Cruise-Line-Gesellschaften, die Haifa im Zuge einer Mittelmeerkreuzfahrt besuchen, hat man die Möglichkeit, von Griechenland oder Zypern aus mit der Fähre ins Heilige Land zu gelangen. Die beiden **Fährgesellschaften**, die noch ab und an Services nach Israel anbieten, sind:

> **A. Rosenfeld Shipping**, Tel. 04 8613671, www.rosenfeld.net

> **Grimaldi Lines**, www.grimaldi-freightcruises.com

Vorseite: So bitte nicht!
Bei der Parkplatzsuche sollte die Kreativität ihre Grenzen haben.

Mit dem Bus

Tel Aviv unterhält **direkte Busverbindungen** mit allen größeren Städten Israels, inkl. Jerusalem, Haifa, Tiberias oder Eilat. Die meisten Überlandbusse starten vom zentralen Busbahnhof (HaTachana HaMerkazit HaChadasha, 108 Rehov Levinski). Infos zu den Verbindungen erhält man z. B. bei **Dan** (Tel. 03 6394444, www.dan.co.il) oder **Egged** (Tel. 03 6948888, www.egged.co.il).

Wer aus oder nach **Ägypten** an- bzw. ausreist, kann dies mit **Mazada Tours** (Tel. 03 5444454, www.mazadatours.com) tun. Direkte Busverbindungen nach **Jordanien** bestehen zurzeit nicht. Reisende müssen an einen der Grenzübergänge fahren und auf jordanischer Seite in einen lokalen Bus oder in ein Sammeltaxi wechseln.

Autofahren

In Tel Aviv benötigt man weder ein eigenes Auto noch einen Mietwagen. Höchstens wer das Umland und die Küste kennenlernen möchte, muss auf ein Fahrzeug zurückgreifen. Das **öffentliche Verkehrsnetz** der Stadt ist zwar nicht gerade glänzend ausgebaut, doch dafür leicht durchschaubar, außerdem ist das Stadtzentrum übersichtlich und viele Ziele der Innenstadt lassen sich mühelos zu Fuß erreichen.

Bitte festhalten!
Durch Tel Aviv kommt man mit Bus, Sherut oder Taxi.

Parken

In der Stadt ist man mit dem eigenen Auto vielerorts auf relativ **teure Parkplätze und Parkhäuser** (eine Übersicht findet man unter www.ahuzot.co.il/map/parking, allerdings nur auf Hebräisch) angewiesen, da die meisten Gebiete nur Kurzpark- oder Anwohnerzonen sind. Die Kosten für die Parkplätze liegen zwischen 8 bis 16 NIS pro Stunde, sind dafür aber im 24-Stunden-Takt günstiger; Hotelparkhäuser gibt es nur vereinzelt. Zentral gelegene Parkhäuser sind u. a.:

- **207** [C6] **Bograshov,** 14 R. Bograshov, 70 Stellplätze
- **208** [B13] **Galey Tsahal,** 21 R. Yehuda HaYamit, 50 Stellplätze
- **209** [C9] **Gan HaKovshim,** R. HaKovshim, 156 und 172 Stellplätze

- **P210** [C8] **HaRav Kook,** R. HaRav Kook, 70 Stellplätze
- **P211** [C10] **HaTachana,** 65 R. Yehezkel Koifman, 770 Stellplätze
- **P212** [C9] **Karmel,** R. Kalisher, 315 Stellplätze
- **P213** [E7] **Tarbut,** Sderot Tarsat, 150 Stellplätze
- **P214** [C6] **Tel. Nordau,** 28 R. Frishman, 175 Stellplätze

Pannendienst

› **ADAC-Notruf:** Tel. +49 89222222
› **ÖAMTC-Schutzbrief-Nothilfe:** Tel. +43 12512000
› **ACS-Pannendienst:** Tel. +41 446288899
› **Memsi (Automobilclub Israels):** Tel. 03 5641121, www.memsi.co.il

Wichtige Infos für Autofahrer

Autofahren kann in Israel nervenaufreibend sein, denn so mancher Einheimische nimmt es mit den roten Ampeln, den Geschwindigkeitsbeschränkungen und den Überholverboten nicht sonderlich genau, weshalb man immer und überall höchst aufmerksam fahren sollte! Das Hupen könnte man übrigens als israelischen Nationalsport bezeichnen.

› **Parken:** In den blauen Zonen – durch weiße und blaue Markierungen am Bordstein gekennzeichnet – darf werktags nur mit Parkschein geparkt werden (am einfachsten mithilfe der Apps Pango Parking oder Cello zu kaufen). Alle anderen Zonen sind nicht zum Parken, höchstens zum Halten geeignet. Bei Verstößen lässt die Polizei rigoros abschleppen.

› **Verkehrsregeln:** Die Geschwindigkeitsbeschränkung ist innerorts 50 km/h, außerorts 80–90 km/h und auf der Autobahn gerade mal 100 km/h. Pflicht ist außerdem das Mitführen einer Warnweste sowie eines Feuerlöschers.

› **Verkehrsverstöße:** Die Polizei führt einen gnadenlosen „Feldzug" gegen Temposünder. Sie müssen mit saftigen Geldbußen rechnen, so kostet bereits die Überschreitung des Tempolimits ab 30 km/h 1500 NIS. Wer ab 40 km/h zu schnell ist, verliert den Führerschein für bis zu drei Monate.

› Die **Blutalkoholgrenze** liegt bei 0,5 ‰.

› Mit in Israel gebuchten Mietautos darf man häufig **nicht in die Westbank** fahren. Dies hat versicherungstechnische, aber auch Sicherheitsgründe.

Barrierefreies Reisen

Tel Aviv ist weitestgehend barrierefrei, z. B. sind mittlerweile die **Busse** so konzipiert, dass Rollstuhlfahrer problemlos ein- und aussteigen können (dies gilt jedoch nicht für die *Sherut* genannten Sammeltaxis), außerdem gibt es zahlreiche öffentliche **Behindertenparkplätze** und vielerorts wird der Schwerbehindertenausweis anerkannt, sodass man z. B. bei Museen erhebliche Ermäßigungen bekommt. Behindertengerechte Ausstattung bzw. Barrierefreiheit ist jedoch gerade in etlichen **Lokalen**, bei einigen **Hotels** und bei manchen **Sehenswürdigkeiten** und **öffentlichen WCs** nicht immer gegeben.

Auch für **Sehbehinderte** ist die Situation durchaus verbesserungsfähig. Zwar findet man ab und zu eine Ampel mit Signaltönen, doch sonst fehlen hilfreiche Einrichtungen weitestgehend.

› Infos finden sich auf der Seite der Organisationen **Access Israel** unter www.aisrael.org und Access Unlimited unter www.access-unlimited.co.il.
› Informativ ist auch die Internetseite www.gov.il/en, wo man mit dem Suchbegriff *disabled* gezielte Informationen und Routenvorschläge erhält.
› Behindertenberatungszentrum **Milbat**, Sheba Medical Center, Tel. 03 5303739, www.milbat.org.il.
› Wer Hilfsmittel wie Rollstühle oder Krücken leihen möchte, kann sich an die durch Spenden finanzierte Freiwilligenorganisation **Yad Sarah** wenden, Tel. 03 6819705, https://friendsofyadsarah.org.

◁ *Besser gleich ins Parkhaus: die Parkplatzsuche kann einem manchmal Kopfschmerzen bereiten*

Diplomatische Vertretungen

- **215** [G9] **Botschaft der Bundesrepublik Deutschland**, 2 R. HaShlosha, Tel. 03 6931313, https://tel-aviv.diplo.de/il-de
- **216 Botschaft der Republik Österreich**, 12 R. Abba Hillel (Ramat Gan), Sason Hogi Tower (4. Stock), Tel. 03 6120924, www.bmeia.gv.at/oeb-tel-aviv
- **217** [C3] **Botschaft der Schweizerischen Eidgenossenschaft**, 228 R. HaYarkon, Tel. 03 5464455, www.eda.admin.ch/telaviv

Ein- und Ausreisebestimmungen

Deutsche, österreichische und Schweizer Staatsbürger benötigen für einen **Aufenthalt in Israel** bis zu drei Monaten einen noch sechs Monate gültigen **Reisepass**. Auch **Kinder** unter 16 Jahren müssen einen eigenen Kinderreisepass im Gepäck haben. Ein **Visum** – erhältlich bei den israelischen Auslandsvertretungen – ist nur für Deutsche notwendig, die vor dem 1. Januar 1928 geboren wurden.

Die Abfertigung bei der Einreise ist meist unproblematisch, höchstens wer im Reisepass Visa oder Stempel explizit israelfeindlicher Staaten wie Iran, Libanon, Pakistan oder Syrien hat, muss gegebenenfalls mit einer Befragung rechnen. In Israel hingegen wird der Pass nicht mehr gestempelt. Man bekommt dafür eine **Einreisekarte** (mit einer Art Barcode), die die maximale Aufenthaltsdauer (in der Regel 90 Tage) angibt und die man sich bereits **vor der Passkontrolle** an Automaten, mithilfe derer man

Mögliche Probleme bei der Einreise

Seit 2017 besteht ein Gesetz, dass es den israelischen Grenzbehörden erlaubt, Personen die Einreise nach Israel zu verweigern, sofern diese im Vorfeld öffentlich an anti-israelischen Kundgebungen teilgenommen oder zu Boykottmaßnahmen gegenüber Israel oder jüdischen Siedlungen im Westjordanland aufgerufen haben. Dies kann bis zu etwaigen Posts im Internet oder Beteiligung in Form von einer Unterschrift entsprechender Petitionen gegen die israelische Siedlungspolitik ausgelegt werden. Wer in irgendeiner Form politisch gegen Israel tätig war oder ist, sollte sich eine Reise gut überlegen, denn die Verweigerung der Einreise, eine intensive Befragung durch die Grenzbehörden und ein umgehender Rückflug an den Startflughafen sind dann nicht auszuschließen.

seinen Pass scannen kann, selbst ausdrucken muss.

Bei der **Ausreise aus Israel** finden am Flughafen Ben-Gurion oftmals **zeitintensive Sicherheitsüberprüfungen** des Gepäcks sowie Befragungen der Reisenden statt. Hierbei wird das Gepäck gescannt und in seltenen Fällen danach nochmals mit sensiblen Antisprengstoffdetektoren abgetastet. Es empfiehlt sich daher, **frühzeitig** – etwa drei bis vier Stunden vor Abflug – am Flughafen zu erscheinen. In seltenen Fällen werden **elektrische Geräte**, insbesondere Laptops, durch die Sicherheitsbehörden für Untersuchungen einbehalten und nach ein bis drei Tagen an den Aufenthaltsort des Reisenden nachgesandt.

Einverständniserklärung für Minderjährige

Reisen Kinder nur mit einem Elternteil, kann sowohl bei der Ausreise als auch bei der Einreise eine Einverständniserklärung des anderen Elternteils erforderlich sein. Detailinfos erhält man beim Auswärtigen Amt und beim zuständigen Konsulat.

Zoll

Nach Israel können Gegenstände für den **persönlichen Bedarf** zollfrei eingeführt werden. Dazu gehören für Personen ab 17 Jahren auch alkoholische Getränke (2 l **Wein** und 1 l **Spirituosen**) sowie **Tabak** (nicht mehr als 250 g). Wertvolle Gegenstände müssen bei der Einreise **deklariert** werden. Geschenke dürfen bis zu einem Wert von US$ 150 eingeführt werden. Die **Einfuhr** von frischen Früchten, Fleisch, Pflanzen und Medikamenten (außer mit zugelassenem Rezept) sowie von Waffen ist **verboten**. Beim Rückflug haben die geltenden **Zollbestimmungen** der EU bzw. der Schweiz Gültigkeit.

› Infos: www.zoll.de, www.bmf.gv.at/zoll, www.bazg.admin.ch

Elektrizität

Die **Netzspannung** beträgt wie in Mitteleuropa **220 Volt**. Meistens passen die üblichen Flachstecker, für Schukostecker braucht man einen Adapter, der aber in den meisten Fällen an der Hotelrezeption zu haben ist. Wer sicher gehen will, dass er mitgebrachte Elektrogeräte benutzen kann, besorgt sich am besten schon zu Hause im Elektrohandel einen Adapter.

Geldfragen

Währung

Die Währungseinheit ist der **Neue Israelische Schekel** (kurz NIS, ILS oder ₪), der in **100 Agorot** unterteilt wird und nach Belieben aus dem Land ein- und ausgeführt werden darf. Der Schekel ist eine unabhängige konvertible Währung, deren Kurs sich nach den Wirtschaftsdaten des Landes richtet, weshalb der Wechselkurs zum Euro und auch zum Dollar schwanken kann. Tagesaktuelle Wechselkurse erhält man unter www.oanda.com.

Wechselkurse
(Stand: Ende 2022)

1 NIS	0,29 € / 0,28 SFr
1 €	3,48 NIS
1 SFr	3,57 NIS

Geldwechsel und Geldautomaten

Am besten wechselt man gleich nach der Ankunft am Flughafen – in der Nähe der Gepäckbänder finden sich **Wechselstuben** – einen kleinen Betrag in Schekel um, damit man das Taxi oder die Fahrt mit den öffentlichen Verkehrsmitteln in die Stadt bezahlen kann. Die gängigste ausländische Währung stellt in Israel übrigens der **US-Dollar** dar, der gerade in Hotels häufig dem Schekel vorgezogen wird.

Banken mit **Geldautomaten**, an denen man mit **Kredit-** oder **Debit- (Giro-)Karte** und der Geheimnummer (PIN) Geld abheben kann, stehen ebenfalls am Flughafen sowie vielerorts in der Stadt zur Verfügung, doch sollte man sich im Vorfeld bei der eigenen Bank darüber erkundigen, wie hoch die **Gebühren** hierfür sind.

Tel Aviv preiswert

› In Bars und Cafés Tel Avivs bekommt man auf Anfrage immer **Wasser** zum Kaffee. Wer also ab und an einen Stopp auf einen Espresso einlegt, kann gleichzeitig den Durst stillen.
› Wer sich vor einem Strandbesuch an einem Imbissbüdchen mit **Sandwiches** und am Supermarkt mit **Getränken** eindeckt, spart definitiv gegenüber den teureren Strandlokalen.
› Die Stadtverwaltung (69 R. Ibn Gabirol) bietet kostenlose Kurse (Yoga, Tanz ...) und auch Aktivitäten für **Familien mit Kindern** an. Aktuelle Termine und Veranstaltungen lassen sich in der Touristeninformation (s. S. 106) erfragen.
› In vielen **Museen** zahlen **Kinder unter 18 Jahren keinen Eintritt,** das Ben-Gurion House ㉓ und das Liebling Haus (s. S. 59) bieten gänzlich freien Eintritt.
› Sowohl die Tel Aviv Tourism Association als auch private Unternehmen bieten eine Reihe **kostenloser Stadtführungen** an (s. S. 115, bitte nicht das Trinkgeld für den Guide vergessen, 10–20 NIS wären angebracht). Diese Führungen stellen eine wunderbare Möglichkeit dar, die Highlights Tel Avivs zu erleben.

Umrechnungskurs am Geldautomaten

Beim Abheben von Bargeld in Landeswährung wird manchmal angeboten, dass die Abrechnung mit dem eigenen Konto in Euro erfolgen kann. Das Verfahren ist als **Dynamic Currency Conversion (DCC)** bekannt. Wählt man diese Option, die ja sicherer erscheint, wird aber ein **ungünstiger Wechselkurs** zugrundegelegt, der erhebliche Kosten verursachen kann. Deshalb sollte man **Abhebungen immer in der Landeswährung** vom eigenen Konto abbuchen lassen. Dann legt die eigene Bank den offiziellen Devisenkurs zugrunde.

Preisniveau

Man kann es nicht schönreden: Tel Aviv ist kostspielig, um nicht zu sagen **teuer**. In Bezug auf das Essengehen und Übernachtungen in Hotels ist das Niveau durchaus mit Schweizer oder skandinavischen Metropolen zu vergleichen. Kreditkarten werden in den meisten Lokalen, Hotels und Geschäften sowie an allen Tankstellen akzeptiert.

Informationsquellen

Infostellen in der Stadt

Bei den **Touristeninformationen** Tel Avivs erhält man z. B. Broschüren und Infos über die Stadt und die Umgebung, Literatur und Karten, kann Führungen, Stadtrundfahrten und Ausflüge buchen sowie Tickets und die Fahrkarte Rav-Kav (s. S. 123) kaufen.

› https://visit.tel-aviv.gov.il/info/about

❶ **218** [B12] **Tel Aviv Tourism Association (1)**, 2 R. Marzuk ve-Azar, Tel. 00972 3 6814466, Sa–Do 9.30–17.30, Fr 9.30–15 Uhr

❶ **219** [B8] **Tel Aviv Tourism Association (2)**, 46 Retsif Herbert Samuel, Tel. 00972 3 5166317, geöffnet: So–Do 9.30–17.30

› **Tel Aviv Tourism Association (3)**, Eingangshalle Ben-Gurion Flughafen, Tel. 00972 3 9754260, tägl. rund um die Uhr geöffnet

❶ **220** [D9] **Tel Aviv Tourism Association (4)**, 11 Sderot Rothschild, Tel. 00972 3 5166188, geöffnet: Sa–Do 9–21, Fr 9–15 Uhr

❶ **221** [F7] **Tel Aviv Tourism Association (5)**, 11 R. Aluf Albert Mendler (im Azrieli Sarona Tower), Tel. 00972 3 6049634, Sa–Do 9–18, Fr 9–16 Uhr

❶ **222** [D6] **Bauhaus Center Tel Aviv,** 77 R. Meir Dizengoff, Tel. 00972 3 5220249, https://bauhaus-center.com/de, So–Do 10–19, Fr 10–14.30 Uhr (in den Sommermonaten bis 20 respektive 15 Uhr geöffnet). Infos, Souvenirs, Bücher, Karten und Verleih eines Audioguides (MP3-Player mit Audioinformationen – und einem Einführungsvideo – auch auf Deutsch, 80 NIS) sowie Bauhaus-Stadttouren (auf Englisch, 80 NIS).

Die Stadt im Internet

› **https://visit.tel-aviv.gov.il:** Auf der Seite der Touristeninformation (engl.) findet man zu den allermeisten touristischen Fragen und Anliegen entsprechende Antworten.

› **www.tel-aviv.gov.il:** Die Internetseite der Stadtverwaltung (hebr./engl.) wartet mit Zahlen, News, Veranstaltungshinweisen etc. auf, v. a. die Rubriken „Culture" und „Tourism" sind für Besucher aufschlussreich.

› **www.secrettelaviv.com:** Diese hervorragende Website bietet Infos, die über die normalen Touristenbedürfnisse weit

hinausgehen. Hier stehen Infos für echte Gourmets und Restaurant-Aficionados im Vordergrund. Aber man bekommt auch reichlich Informationen darüber, was Tel Aviv gastronomisch bewegt.
› https://de.goisrael.com: Website des Staatlichen Israelischen Verkehrsbüro IGTO

Apps

› **Pango Parking:** Park-App für ganz Israel (kostenlos für Android und iOS)
› **Cello:** Park-App für ganz Israel (kostenlos für Android und iOS)
› **Home Front Command:** Warn-App der israelischen Zivilschutzbehörden (kostenlos für iOS)
› **Tel-O-Fun:** App für die Mieträder der Stadt (kostenlos für Android und iOS, s. S. 112)
› **Moovit:** weltweite ÖPNV-App, die auch Buslinien- und Zugverbindungen in Tel Aviv darstellt (kostenlos für Android und iOS)
› **The Station:** israelische ÖPNV-App, die auch über eine Ticketoption (als Alternative zu Rav-Kav, s. S. 123) verfügt (kostenlos für Android und iOS)
› **Gett - The taxi app** bzw. **Gett - Ground Transportation:** internationale Taxi-App, die in Tel Aviv sehr populär ist (kostenlos für Android und iOS)
› **Tel Aviv Museum of Art:** Audioguide-Touren, die auch außerhalb des Museums ⓳ abgerufen werden können (kostenlos für Android und iOS)

Publikationen und Medien

Die renommiertesten israelischen **Tageszeitungen** auf Hebräisch mit ausgiebigen Lokalteilen sind die Haaretz (linksliberal), Israel HaYom (rechtskonservativ), Maariv (Mitte) und die Yedioth Ahronoth (Boulevard). Die bekannteste englischsprachige Tageszeitung ist die Jerusalem Post mit auch für Touristen interessanten Beilagen.

Die beste auf Englisch verfasste **Zeitschrift** mit aktuellen Tipps zu wer, was, wann und wo in Tel Aviv (und anderen Orten des Landes) ist zweifelsohne das monatlich herausgegebene Magazin **Time Out Israel** (nur online: www.timeout.com/israel). Dort gibt es auch weitere, mehr oder weniger werbelastige Infoblät-

Meine Literaturtipps

Zur Einstimmung oder als Begleitung auf der Reise bieten sich die folgenden Werke an:
› Christiane Wirtz, **Ein Jahr in Tel Aviv** (2009). Eine brauchbare und unterhaltsame Einführung in die Lebensart und allerlei Kurioses zu Tel Aviv.
› Ephraim Kishon, **Drehn Sie sich um, Frau Lot** (1961). Äußerst humorvolle, aus dem Leben der Israelis gegriffene Anekdoten, die ihre Mentalität mit einem Augenzwinkern beleuchten.
› Katharina Höftmann, **Guten Morgen, Tel Aviv! Geschichten aus dem Holy Land** (2011). Eine durchaus bissige und manchmal ironische Liebeserklärung an Israel. Äußerst süffisant und melancholisch zugleich.
› Sarah Levy, **Fünf Wörter für Sehnsucht** (2022). Die aus Hamburg stammende Journalistin Sarah Levy schildert ihre Emigration nach Israel und ihr Leben in Tel Aviv. Sie beleuchtet dabei auf spannende Weise Vorurteile, Erwartungen und Stereotypen in ihrer neuen Heimat.

ter zu Programm und Leben in der Stadt.

Es ist in Tel Aviv nicht gerade ein Leichtes, an deutschsprachige Zeitungen oder Zeitschriften zu kommen. Am größten ist die Wahrscheinlichkeit in den Filialen der Buchhandlung Steimatzky (s. S. 80), wo häufig die FAZ, die Süddeutsche, der Spiegel oder der Stern zu finden sind.

Internet

Erfreulicherweise bieten mittlerweile die meisten **Hotels** und **Pensionen** kostenlosen WLAN-Zugang im Zimmer oder in der Lobby. Auch in fast allen Cafés und Restaurants gibt es WLAN und an öffentlichen Orten wie z. B. in den Parks oder am Strand sind mit der Aufschrift „FREE_TLV" Zonen gekennzeichnet, wo man sich mit dem Laptop oder Smartphone (kostenlos) ins Internet einloggen kann.

LGBT+

Tel Aviv ist ohne Zweifel *die* **Hauptstadt der Gay Community** im gesamten Nahen Osten. Während in anderen israelischen Städten wie Jerusalem und Haifa Homosexualität weitestgehend verpönt ist, gibt es in Tel Aviv eine große und ausgesprochen **lebendige LGTB-Szene**. Dabei wird nicht so streng zwischen Lokalitäten mit ausschließlich homo- oder heterosexuellem Publikum unterschieden, vielmehr findet man praktisch überall auch gay-/lesbian-freundliche Veranstaltungen. Es entspricht eben genau der säkular-weltoffenen Einstellung Tel Avivs, nicht zwischen Menschen verschiedener Lebensweisen zu unterscheiden.

Das größte homosexuelle Event des Jahres ist die **Gay Pride Parade** im Juni mit reichlich Musik- und Showprogramm, einem ausgelassenen Straßenfest sowie einem riesigen Umzug vom Park Gan Meir (s. S. 85) quer durch die Stadt bis zum Strand. Mit über 200.000 Besuchern ist die Gay Pride Parade eines der größten Events der Stadt und zieht nicht nur schwul-lesbisches Publikum an!

Seit 2014 gibt es im Gan Meir (s. S. 85) das erste **Mahnmal** Israels **für die schwulen und lesbischen Opfer des Holocaust**.

❶**223** [D7] **Gay Center**, 22 R. Tchernihovski, Tel. 073 3844242, https://lgbtqcenter.org.il. Das ultimative Zentrum der homosexuellen Szene im Gan-Meir-Park mit Infomaterial zu allem, was die Stadt Schwulen und Lesben zu bieten hat. Wegen Renovierung **bis Mitte 2023 geschlossen.**

› Jeden Freitag kann man ab 10 Uhr an einer **Citytour für Homosexuelle** teilnehmen, Infos dazu und zu vielen weiteren Themen gibt es im Gay Center (siehe oben).

› Die Website **www.atraf.co.il** bietet viel Wissenswertes zum schwul-lesbischen Leben in der Stadt. Hier erfährt man auch, wann wo welche LGBT-Events stattfinden.

Lokale

❶**224** [F7] **Desire Bar**, 25 R. Carlebach. Besonders ab abends lebendige Bar mit vorrangig schwulem Publikum, speziell zu den „WERK" genannten Partys.

❶**225** [E9] **Dreck**, 54 R. Ahad Ha'Am. Mischung aus Bar und Club mit vorrangig schwulem Publikum.

❶**226** [D7] **Meir Café**, Gan Meir, Tel. 03 6295870. Ein reines Schwulencafé ist das einladende, mitten im Park Gan Meir gelegene Café sicher nicht, doch durch die Nähe zum Gay Center ist es auch in schwulen Kreisen äußerst beliebt.

227 [C7] **Nilus**, 33 R. Allenby. Schick gestylte Bar, die nicht nur in der lesbischschwulen Szene beliebt ist.

Clubs

228 [D12] **Gagarin**, 13 R. Kibbuz Galuyot. Wegen seiner Housepartys steht das Gagarin seit einiger Zeit auf der Beliebtheitsskala der Gay Community sehr hoch.

229 [D9] **Shpagat**, 43 R. Nachalat Binyamin. Einer der hippsten Clubs der Szene. Besonders am Wochenende der perfekte Treffpunkt für Homosexuelle.

Medizinische Versorgung

Wer ernsthaft erkrankt, ist in den Krankenhäusern oder den (teureren) Privatkliniken Tel Avivs gut aufgehoben. Man muss dazu aber wissen, dass die Kosten für eine Behandlung nicht automatisch von der Krankenversicherung in Deutschland, Österreich oder der Schweiz übernommen werden. Daher ist der Abschluss einer privaten **Auslandsreisekrankenversicherung** unbedingt anzuraten. Man erhält eine solche schon ab 20 bis 30 € im Jahr, z. B. über die Krankenkasse, den ADAC (www.adac.de) oder den ÖAMTC (www.oeamtc.at). Die Behandlungskosten vor Ort sind jedoch in der Regel vorab bar zu zahlen und werden dann von der privaten Versicherung gegen Vorlage ausführlicher Quittungen (mit Datum, Name des Patienten, Bericht über Art und Umfang der Behandlung, Kosten der Behandlung und der Medikamente etc.) erstattet.

Apotheken (*Beit Mirkachat*), speziell die der großen Ketten wie Super-Pharm, sind in Tel Aviv zahlreich und leicht zu finden. Außerhalb der regulären Öffnungszeiten (meist So–Do 9–18 und Fr 9–15 Uhr) sind diensthabende Adressen den Aushängen an den Apotheken oder der Tagespresse zu entnehmen.

Bei kleineren Verletzungen kann man sich in die **Notaufnahme** (*Emergency Room*) eines Krankenhauses oder direkt zum Notaufnahme-Zentrum von David Adom (der israelischen Variante des Roten Kreuzes) begeben. Wer einen Spezialisten sucht, wird unter www.telaviv-doctor.com (Tel. 054 9414243) fündig.

230 **David Adom**, 60 R. Yigal Alon, Tel. 073 2630000, www.mdais.org

231 [F5] **Ichilov Hospital – Sourasky Medical Center**, 6 R. Weizman, Tel. 03 6973511

232 [D6] **Super-Pharm**, 50 R. Meir Dizengoff, Tel. 077 8880170

Deutschsprachige Ärzte

233 [D4] **Dr. Kühnberg**, 21 R. HaKalir, Tel. 03 6481438 und 054 4463468, Internist

Über die Website der deutschen Botschaft (www.tel-aviv.diplo.de) erhält man eine Liste weiterer deutschsprachiger Ärzte.

Mit Kindern unterwegs

Für aktive Familien gibt es zahlreiche Möglichkeiten, eine unterhaltsame Zeit in Tel Aviv zu verbringen, nicht zuletzt, weil die Einheimischen in der Regel geradezu vernarrt in die *Yeladim* sind und diese verwöhnen, wie und wo es nur geht. Kinderverbot in Restaurants oder Hotels gibt es

hier so gut wie nicht und Beschwerden über die Lautstärke oder Ähnliches sind definitiv die Ausnahme. Die Stadt kann also durchaus als kindergerecht, streckenweise sogar als Kinderparadies bezeichnet werden.

Als **echte Highlights** gelten natürlich die **Strände** entlang der Tayelet ❼ und die vielen Austobemöglichkeiten im **Yarkon Park** (s. S. 85). Hier befinden sich der **Luna Park**, in dem Achterbahnen und andere Fahrgeschäfte sowie eine Eislaufbahn nicht nur die Kleinen begeistern, sowie der **Meymadion** genannte Wasserpark mit Rutschen und allerlei anderen Möglichkeiten für Spaß im Nassen. Weitere für Kids spannende Ziele sind der **Namal** ㉔ mit der hölzernen Promenade und den Spielplätzen, die Aussichtsplattform auf dem **Azrieli**

◁ *Beliebt bei Alt und Jung –*
die Strände entlang der Tayelet ❼

Center ⑱, aber auch der **Park Gan Meir** (s. S. 85) bietet Amüsantes für Groß und Klein.

★**234 Luna Park,** 101 Sderot Rokach (Ganey HaTa'aruha), Tel. 03 6427080, www.lunapark.co.il, generell tägl. 10-20 Uhr (wer sicher gehen will, dass geöffnet ist, dem sei ein Kontrollanruf empfohlen), Eintritt 125 NIS (ermäßigt 95 NIS)

★**235 Meymadion,** Sderot Rokach (Ganey Yehoshua), Tel. 03 6422777, www.meymadion.co.il, So-Do, Sa 9-17 Uhr (ein Kontrollanruf wird aber empfohlen), Eintritt 122 NIS, ermäßigt 102 NIS

Wer sich für wilde Tiere interessiert, sollte den größten **Safari-Park** Israels in Ramat Gan besuchen. Man befährt auf Asphaltstraßen einzelne – umzäunte – Gehege, in denen sich u. a. Löwen, Gazellen, Impalas, Gnus und Zebras tummeln. Auch wenn es sich natürlich in so einem Park nur um eine zooähnliche Umgebung handeln kann, so wurde das Anwesen dennoch aufwendig gestaltet und vermittelt zumindest teilweise einen realen Eindruck vom Leben in der afrikanischen Wildnis. Speziell für Kids werden außerdem Tagesprogramme *(day camps)* angeboten, die einen äußerst spannenden Einblick in die Arbeit des Parks (z. B. die Elefantenzucht) geben.

★**236 Ramat Gan Safari Park,** 1 Sderot Hatzvi, Tel. 03 6320222, www.safari.co.il, Bus 35, So-Do 9-18.30, Fr 9-16, Sa 8.30-19 Uhr, Eintritt 89 NIS, ermäßigt 67 NIS

▷ *Speziell freitags und samstags sollte man die Uhrzeit im Auge haben – stilvoll z. B. beim Clock Tower* ㉘

Notfälle

Verlust, Diebstahl, Notruf

> Polizei: 100
> Rettungswagen/Notarzt: 101
> Feuerwehr: 102
> **237** [C12] **Tel Aviv District Police,** 18 R. Shalma, Tel. 03 6802222
> Fundbüro der Verkehrsbetriebe, Tel. 03 9142478 (Egged) oder 03 6933243 bzw. 03 6394444 (Dan)
> Fundbüro des Flughafens, Tel. 03 9717722

085tv Abb.: mb

Bei **Verlust der Debit-/Giro-, Kredit-** oder **SIM-Karte** gibt es für Kartensperrungen eine **deutsche Zentralnummer** (unbedingt vor der Reise klären, ob die eigene Bank bzw. der jeweilige Mobilfunkanbieter diesem Notrufsystem angeschlossen ist). **Aber Achtung:** Mit der telefonischen Sperrung sind die Bezahlkarten zwar für die Bezahlung/Geldabhebung mit der PIN gesperrt, nicht jedoch für das **Lastschriftverfahren mit Unterschrift.** Man sollte daher auf jeden Fall den Verlust zusätzlich **bei der Polizei zur Anzeige bringen,** um gegebenenfalls auftretende Ansprüche zurückweisen zu können.

In **Österreich** und der **Schweiz** gibt es keine zentrale Sperrnummer, daher sollten sich Besitzer von in diesen Ländern ausgestellten Debit- oder Kreditkarten vor der Abreise bei ihrem Kreditinstitut über den zuständigen Sperrnotruf informieren.

Generell sollte man sich immer die **wichtigsten Daten** wie Kartennummer und Ausstellungsdatum **separat notieren,** da diese unter Umständen abgefragt werden.

> Deutscher Sperrnotruf: Tel. +49 116116 oder Tel. +49 3040504050
> Weitere Infos: www.kartensicherheit.de, www.sperr-notruf.de

Öffnungszeiten

Feste Ladenöffnungszeiten wie in Deutschland, Österreich oder der Schweiz gibt es in Tel Aviv nicht. Das Gros der **Geschäfte** hat So bis Do von 9 bis 19 Uhr und am Freitag von 9 Uhr bis zum späten Nachmittag geöffnet, manche schieben aber zwischen 13 und 16 Uhr eine traditionelle Mittagspause ein. Gerade in **Shoppingmalls** gibt es wiederum viele Geschäfte, die bis in die späten Abendstunden geöffnet haben, andere bleiben auch am Shabbat und an Feiertagen (mal abgesehen von Yom Kippur) für einige Stunden offen und so manche Supermärkte haben sogar sieben Tage die Woche durchgehend geöffnet.

Auch die **Museen** verfügen über keine einheitliche Regelung, sie öffnen aber meist So bis Do von 10 bis 18 Uhr, Freitag haben sie bis 14 Uhr geöffnet und Samstag bleiben viele geschlossen. **Banken** öffnen So bis Do von 8.30 bis 12.30 und Mo bis Do auch von 16 bis 19 Uhr, **Postämter** haben So bis Fr von 8 bis 12.30 und So bis Do zusätzlich von 15.30 bis 18.30 Uhr geöffnet.

> **Shabbat Shalom!**
> Der Sabbat – auf Hebräisch *Shabbat* und auf Jiddisch *Schabbes* – ist der siebte jüdische Wochentag, ein **Ruhetag**, an dem laut Tora (die fünf Bücher Mose) keine Arbeit verrichtet werden soll. Er beginnt wie alle Tage im jüdischen Kalender am Vorabend und dauert folglich von **Sonnenuntergang am Freitag** bis zum **Eintritt der Dunkelheit am Samstagabend**. Für religiöse Juden ist jegliche Form der Arbeit – angefangen vom Einschalten des Lichts über Auto- oder Aufzugfahren bis zum Telefonieren – verboten und vielerorts steht in Israel am Shabbat tatsächlich alles still. In Tel Aviv nimmt man es hingegen mit dieser Regel nicht sonderlich genau, weshalb hier auch viele Bars, Restaurants und selbst Geschäfte geöffnet bleiben. Dennoch: **Banken** und **Büros** sowie viele **Museen** bleiben **geschlossen**.

Post

In Israel kostet das Porto für **Postkarten** und **Briefe** bis 20 g nach Europa 7,40 NIS. **Briefmarken** bekommt man in den Postämtern und in seltenen Fällen in Zeitschriftenläden, in denen Postkarten verkauft werden. Luftpostsendungen brauchen etwa eine Woche, solche, die aus Europa nach Israel geschickt werden, kommen hingegen nach ca. vier Tagen an. Die **Briefkästen** sind rot und haben in der Regel einen Schlitz für Stadtpost („Tel Aviv") und einen für andere Orte („all areas except Tel Aviv"). Weitere Informationen erhält man online unter www.israelpost.co.il.

✉ **238** [E9] **Hauptpost Tel Aviv**, 61 R. HaYarkon

✉ **239** [C3] **Postfiliale Dizengoff**, 286 R. Meir Dizengoff

✉ **240** **Postfiliale Jaffa**, 138 R. Yefet

Radfahren

Tel Aviv ist im Laufe der letzten Jahre zu einer **fahrradfreundlichen Stadt** geworden und die Einwohner werden dementsprechend immer **radbegeisterter**. Wegen der zahlreichen Parkanlagen, der **vielen Radwege** innerhalb der Innenstadt und entlang der Strandpromenade sowie der komplizierten Parkplatzsituation in der Stadt erstaunt das nicht. Seit einigen Jahren stehen neben normalen Mieträdern an mehr als 80 über die Stadt verteilten Terminals auch die **Tel-O-Fun Bikes** (reguläre Fahrräder und E-Bikes, mehr Infos unter www.tel-o-fun.co.il) zur Verfügung, für deren Anmietung man eine App („TeloFun" bzw. תל-אופן, für Android und iOS) herunterladen muss. Die erste halbe Stunde ist kostenlos, danach kosten 30 Minuten ab 9 NIS. Wer für längere Zeit einen Drahtesel benötigt, kann sich an eine der folgenden Verleihfirmen wenden, aber auch Hotels und Hostels bieten häufig einen Fahrradverleih – für Gäste manchmal sogar kostenlos – an. Die Mitnahme des Rades in den öffentlichen Verkehrsmitteln ist übrigens nicht gestattet.

🚲 **241** [C4] **Cycle TLV**, 147 R. Ben-Yehuda, Tel. 03 5293037, http://cycle.co.il

🚲 **242** [C7] **Pole Position**, 13 R. Ben-Yehuda, Tel. 03 5252134, www.polepositiontlv.com. Hier gibt es auch E-Bikes.

▷ *Immer und (fast) überall mobil – unterwegs mit den Tel-O-Fun Bikes*

S243 [C8] **Rosen & Meents,** 40 R. HaYarkon, Tel. 1599501090, www.rosen-meents.co.il. Auch an weiteren Orten in der Stadt vertreten.

Wer sich einen **Elektroroller** (Vorsicht Helmpflicht!) ausleihen möchte, kann sich an folgende Adresse wenden:
S244 [C7] **Rent Electric TLV,** 17 R. Ben-Yehuda, Tel 054 2223985

Daneben stehen auch hier diverse, über eine App buchbare **E-Roller** internationaler Anbieter an vielen Ecken. Die entsprechenden Firmen vor Ort sind Dott, Lime, Tier und Yango-Wind.

Sicherheit

Für Besucher ist Tel Aviv **eine sichere Stadt**, zumindest keinesfalls unsicherer als jede Großstadt in Mitteleuropa. Ob als Mann oder als Frau, man kann sich zu jeder Tages- und Nachtzeit ohne Furcht bewegen. Bedrohungen oder gar Gewaltdelikte sind verhältnismäßig selten. Dennoch: Die **üblichen Vorsichtsmaßnahmen** im Hinblick auf Schmuck, Handtaschen und Brieftasche, Kameras u. a. Wertgegenstände, vor allem bei Massenaufläufen, Veranstaltungen, auf Märkten, am Strand oder in öffentlichen Verkehrsmitteln, sind wie im-

mer und überall angeraten. Ist man bestohlen worden, muss, nicht zuletzt aus Versicherungsgründen, bei der Polizei Anzeige erstattet werden (s. S. 111).

Noch ein paar Worte zum Thema **Terrorismus**: Immer wieder musste Tel Aviv – genau wie das ganze Land – unter grausamen Gräueltaten in Form von **Selbstmordattentaten** und **Bombenanschlägen** leiden und die Gefahr eines terroristischen Aktes ist hier unweigerlich höher als an den meisten anderen Orten der Welt, wenn auch die Sicherheitsdienste (an vielen Orten wie Bars und Clubs oder am Eingang von Einkaufszentren wird man „durchleuchtet") ihr denkbar Bestes geben, um diese Taten zu vereiteln.

Zwar lässt sich die Gefahrenlage schwer vorhersehen – nicht zuletzt, weil politische Entscheidungen sehr schnell die lokalen Gemüter erhitzen können –, doch man tut gut daran, sich vor einer Reise nach Israel mit der aktuellen Situation vertraut zu machen. Informationen geben neben der Tagespresse die **Informationsseiten der Außenministerien** in Deutschland (www.auswaertiges-amt.de), Österreich (www.bmeia.gv.at) und der Schweiz (www.eda.admin.ch).

Home Front Command
In Israel erhält man in **Gefahrensituationen** Informationen durch das Home Front Command (www.oref.org.il, nur von Israel aus abrufbar). Dort findet man **Adressen von Luftschutzräumen** und was bei welchem **Alarm** zu tun ist. Den gleichen Zweck erfüllt auch die **App** Israel Home Front Command (kostenlos für iOS).

Sprache

Die meistgesprochene Sprache Tel Avivs ist **Hebräisch**, die Staatssprache Israels. Doch wer mit offenen Ohren durch die Stadt schlendert, wird auch **viele weitere Sprachen** – vorrangig Französisch, Jiddisch, Ladino, Polnisch, Rumänisch, Russisch, Spanisch, Ungarisch – hören, denn im-

Bay mir bistu sheyn

Deutschsprachige Besucher werden in Tel Aviv vielleicht mit etwas Glück Zeugen eines Gesprächs auf **Jiddisch**, denn die aus dem Mittelhochdeutschen entstandene Sprache ist – im Unterschied zu Mittel- und Osteuropa – in Israel immer noch lebendig. Die meisten Sprecher kommen aus den orthodoxen Kreisen, doch auch bei weltlichen Israelis erlebt das Jiddische seit einigen Jahren eine Art Revival. In diesem Geist wurde in Tel Aviv das **Yiddishpiel-Theater** (www.yiddishpiel.co.il) ins Leben gerufen, das Stücke auf Jiddisch aufführt. Wer sich intensiver mit dem Jiddischen beschäftigen möchte, der kann über die Universität Tel Aviv Sommerkurse buchen:
› **Tel Aviv University** ㉖, Rosenberg Building, Tel. 03 6407805, https://naomiyiddish.tau.ac.il

mer noch pflegen zahlreiche Einwanderer ihre jeweilige Muttersprache. Arabisch hört man am ehesten in Jaffa und ab und an im Jemenitischen Viertel. Als Tourist kommt man fast immer mit **Englisch** (in vielen Fällen auch mit Russisch) problemlos durch, denn neben Fremdenführern, Händlern, Angestellten in Kneipen, Restaurants und Hotels sprechen auch die meisten jungen Leute relativ gut die Sprache der ehemaligen „Mandatswächter". Die Beschilderung und die Mitarbeiter vieler Touristeninformationen sind außerdem ebenfalls zweisprachig (Hebräisch/Englisch).

◁ *Polizeiautos und Uniformierte sind in Tel Aviv definitiv keine Seltenheit*

Im Anhang dieses Buches finden Sie zur besseren Verständigung vor Ort eine „Kleine Sprachhilfe" mit den **wichtigsten hebräischen Begriffen und Redewendungen**. Wer sich ausführlicher mit der Sprache beschäftigen möchte, dem sei der handliche und praxisnahe Sprachführer „Hebräisch – Wort für Wort" aus der Kauderwelsch-Reihe des REISE KNOW-HOW Verlags empfohlen.

Stadttouren

Bei den folgenden Touren werden alle wichtigen Sehenswürdigkeiten in einem Rutsch abgeklappert (meist zu Fuß), Erklärungen gibt es auf Englisch und sie sind **nicht selten kostenlos** (nicht vergessen, 10–20 NIS wären angemessen). Man sollte sich in allen Fällen im Vorfeld informieren und am besten auch bereits anmelden. Infos bekommt man über die Büros der Tel Aviv Tourism Association (s. S. 106).

Geführte Touren

› **Alt-Jaffa**, www.neweuropetours.eu, kostenlos, Treffpunkt: Clock Tower ㉘ in Jaffa. Hierbei besucht man den Flohmarkt, den Kikar Kedumim sowie den restaurierten Teil der Altstadt Jaffas.
› **Bauhaus**, jeden Samstag um 11 Uhr, kostenlos, Treffpunkt: 46 Sderot Rothschild, Ecke Rehov Shadal. Bei diesem Spaziergang durch die Weiße Stadt erfährt man einiges über die Bauhaus-Architektur und zwar am „lebenden" Objekt. Eine weitere Tour wird vom Bauhaus Center (s. S. 106) angeboten.
› **HaTarbush**, ausgewählte Touren zu historischen Stadtvierteln wie Jaffa, Neve Tsedek oder American Colony, Tel. 03 5106076, www.tarbush.org. Eine his-

torische Person – gespielt von einem Schauspieler oder einer Schauspielerin – begleitet den Besucher durch die Stadt und erzählt so manch Wissenswertes zu längst vergangenen Zeiten, z. B. zur Epoche Napoleons, dem osmanischen Gefängnis oder den Auseinandersetzungen zwischen Arabern und Juden vor der Gründung des Staates Israel.

› **Shuk HaKarmel Tasting Tour,** dienstags um 10 Uhr, kostenlos, Treffpunkt 58 R. Allenby. Wer in den Genuss der Düfte und Geschmäcker des Shuk HaKarmel ❻ kommen möchte, sollte an dieser Tour teilnehmen.
› **Neve Tsedek Tour,** donnerstags um 10 Uhr, kostenlos, Treffpunkt 11 Sderot Rothschild. Allerlei Wissenswertes über die Gründung der jüdischen Siedlung von Neve Tsedek ⓬ und die Renaissance des Viertels.
› **Sarona Tour,** dienstags und freitags um 11 Uhr, kostenlos, Treffpunkt 14 R. Avraham Albert Mendler (vor dem Sarona Visitor's Center). Spannende Details über die deutsche Templer-Siedlung und deren bewegte Geschichte.

Individuelle Touren

› **Independence Trail,** kostenlos, www.independencetrail.co.il. Anhand einer kostenlosen Karte der Tourismusinformation erfährt man auf diesem Spazierweg auf zehn Stationen viel über die israelische Unabhängigkeit.

Weitere kostenpflichtige Touren (z. B. eine Tour für Veganer, zu Graffiti oder zum Thema Nightlife) findet man unter **www.betelavivtours.com**. Wem hingegen eine Stadttour zu Fuß zu langweilig erscheint, der interessiert sich vielleicht für eine Fahrt mit dem **Segway**. Voraussetzung für eine Segway-Tour ist ein Mindestalter von 12 Jahren sowie ein Körpergewicht von mind. 45 kg bzw. max. 113 kg. Die beiden Veranstalter in Tel Aviv sind:

› **Segs,** Tel. 054 5850405, www.segs.co.il. Verschiedene Segway-Ausflüge am Tag und abends in der Stadt, entlang der Tayelet und im Yarkon Park (s. S. 85).
› **Segway Tel Aviv,** Tel. 03 9773060. Der Segway Club bietet etwa dreistündige Touren entlang der Promenade, im Yarkon Park oder im Ramat Gan Safari Park (s. S. 110) an.

Seit einiger Zeit klappert auch ein **Bus** in etwa zwei Stunden alle wichtigen Sights der Stadt ab.

› **Dan City-Tour,** www.dan.co.il, Tel. 03 6394444. Die roten Sightseeingbusse – oben offen – sieht man häufig in Tel Aviv. Dan City-Tour bietet eine festgelegte Tour (Buslinie 100) quer durch die Stadt und entlang der Küste an (auch auf Deutsch, per Kopfhörer), wobei das Ticket für zwei Stunden (Normalpreis 45 NIS, ermäßigt 36 NIS) oder für einen ganzen Tag – und somit auch im Hop-on-Hop-off-Verfahren (65 NIS, ermäßigt 56 NIS) – gelöst werden kann. Die Busse fahren am Reading-Busterminal nördlich des Namal ㉔, also auf der anderen Seite des Yarkon-Flusses, ab – die Abfahrtszeiten sollten telefonisch erfragt werden. Zum Zeitpunkt der Drucklegung wegen der Coronapandemie noch **außer Betrieb**.

Touren im Umland

Das Umland der Stadt verfügt über eine Vielzahl an attraktiven Sehenswürdigkeiten, die problemlos als Halbtags- oder Ganztagsausflug von Tel Aviv aus besucht werden können. Hinzukommt, dass Israels Fläche überschaubar ist und somit selbst entfern-

▷ *Die Highlights auf einen Schlag – mit der Dan City-Tour durch die Stadt*

tere Ziele wie Jerusalem (eine Stunde), Caesarea (1 Stunde), Haifa (1½ Stunden), Akko (zwei Stunden) oder Tiberias (2½ Stunden) durchaus an einem Tag besucht werden können.

› **Bein Harim Tours,** Tel. 03 5422000, www.beinharimtours.com. Bein Harim bietet Touren und Führungen in ganz Israel, den Palästinensischen Autonomiegebieten, Jordanien und Ägypten an, darunter auch eher weniger besuchte Ziele wie Nordisrael oder die Golan-Höhen. Preise je nach Ziel und Gruppe unterschiedlich.

› **Egged Tours,** Tel. 054 5232663, www.eggedtours.com. Die nationale Busgesellschaft Egged bietet Israelis und ausländischen Touristen geführte Ausflüge ins ganze Land, z. B. nach Jerusalem, Bethlehem, nach Masada, ans Tote Meer oder nach Nazareth. Preislich geht es kaum günstiger.

› **United Tours,** Tel. 03 6173316 oder 03 6173325, www.unitedtours.co.il. United Tours organisiert ausgesprochen gute und individuell geführte Touren durch ganz Israel, darunter Jerusalem, Caesarea, Haifa, Akko und viele andere Orte, Preise ab ca. 50 US$ pro Person inklusive Transport, Mittagessen und Eintrittstickets.

Telefonieren

Tel Avivs Vorwahl lautet **03**, allerdings muss sie innerhalb der Stadt nicht mitgewählt werden. Die **Ländervorwahl** Israels ist **00972**. Die darauffolgende 0 der Ortsnummer entfällt bei Gesprächen aus dem Ausland. Die Ländervorwahlen, um aus Israel in Deutschland, Österreich oder der Schweiz anzurufen, lauten:

› **Deutschland:** 0049
› **Österreich:** 0043
› **Schweiz:** 0041

Mit europäischen **Mobiltelefonen** hat man auch in Israel keine Probleme. Wer hier mit seinem heimischen Handybetreiber telefoniert, muss sich allerdings auf eine hohe Rechnung einstellen, denn außerhalb der EU gibt es noch **keine maximalen Preisobergrenzen**, außerdem werden auch für eingehende Anrufe sog. Roamingkosten berechnet. Viele Reisende nutzen auch im Ausland eine **mobile Datenverbindung**. Dies ist jedoch häufig mit hohen Kosten verbunden. Man sollte daher vor der Reise bei seinem Netzbetreiber Informationen über evtl. günstigere Auslandsdatenpakete einholen oder zur Sicherheit die Mobile-Daten-Option deaktivieren und nur über kostenlose WLAN-Netze ins Internet gehen.

Eine Alternative bietet eine **israelische SIM-Karte** an, doch man sollte vorher sicherstellen, dass das Handy nicht per SIM-Lock nur an einen Anbieter gebunden ist.

Toiletten

Tel Aviv weist nicht gerade Unmengen an öffentlichen Toiletten auf. Speziell in Einkaufszentren und entlang der Strandpromenade Tayelet gibt es jedoch einige, von denen die meisten kostenlos sind. Außerdem kann man auf Nachfrage auch als Nichtgast praktisch überall in Cafés und anderen Lokalen das „stille Örtchen" nutzen.

Uhrzeit

Die Zeit in Israel entspricht der Zeitzone UTC+2, d. h. dass die Israelis der Mitteleuropäischen Zeit (MEZ) **um eine Stunde voraus** sind. Dies gilt auch für die Sommerzeit, denn auch im Heiligen Land wird die Uhr halbjährig umgestellt, allerdings mit einigen Tagen Differenz.

Unterkunft

Allgemeine Situation

Das Unterkunftsangebot stellt einen in Tel Aviv vor keine großen Probleme. Die Stadt verfügt über zahlreiche **Hotels** und **Hostels**, die aber leider, selbst im Vergleich zu vielen europäischen Großstädten, **relativ teuer** sind. Während man in der Luxuskategorie ein Überangebot hat, sind empfehlenswerte günstige Herbergen eher rar gesät. Grundsätzlich gilt, dass Unterkünfte in Strandnähe normalerweise teurer sind als die im Zentrum oder in Stadtvierteln wie Jaffa oder Neve Tsedek. **Apartments** bucht man am besten bei **Dinami** (https://dinami.co.il), **TLV2GO** (https://tlv2go.com) oder **Fuss Holiday Apartments** (www.fuss.co.il).

Eine **Vorausbuchung** empfiehlt sich das ganze Jahr über, besonders aber in den Frühlings- und Sommermonaten sowie über die jüdischen Feiertage, über Silvester und generell an Wochenenden (also in diesem Fall von Donnerstag bis Samstag).

Die Tel Aviv Hotel Association kann bei einer Hotelbuchung behilflich sein, alternativ kann man sich bei den sog. Brokern wie www.booking.com, www.hotel.de, www.hotelreservierung.de oder www.hrs.de umsehen.

ℹ 245 [C9] **Tel Aviv Hotel Association,** 29 R. HaMered, Tel. 00972 3 5170131, https://telavivhotels.org.il

Hotels und Pensionen

246 [C3] **Alexander** €€, 3 R. Havakuk Ha Navi, Tel. 03 5452200, www.alexander.co.il. **Garantiert ruhig:** Zwar zählt das Alexander mit seinen luxuriös eingerichteten Zimmern und Suiten (alle mit Klimaanlage und einige mit Balkon) zu den exklusiveren Adressen der Stadt, doch die verhältnismäßig vernünftigen Preise (Frühstück inklusive) machen es zu einer guten Option im ruhigen Norden der Stadt.

247 [C6] **Artplus Hotel** €€, 35 R. Ben-Yehuda, Tel. 03 7971700, www.atlas.co.il. **Kunstvolles Design:** Wie der Name vermuten lässt, bietet dieses Boutiquehotel Komfort der Meisterklasse in ambitioniertem Design. Mit 62 individuell gestalteten Zimmern – für das Interieur zeichnen fünf lokale Künstler verantwortlich – eine der nicht übertreuerten, gleichwohl aber auch persönlichsten Alternativen unter den „hippen" Hotels der Stadt.

248 [D9] **Brown TLV Urban Hotel** €€, 25 R. Kalisher, Tel. 03 7170200, https://brownhotels.com/tlv. **Komfortabel und mittendrin:** In diesem cool-schicken Boutiquehotel mit seinen 30 Zimmern werden sich v. a. jüngere Leute wohlfühlen. Der Komfort der Zimmer (Klimaanlage ist Standard) ist für die verhältnismäßig günstigen Preise vorbildlich und die Sonnenterrasse mit ihrem Panoramablick ist einfach traumhaft. Auch die Lage in der Nähe des Shalom Meir Tower ist okay, von hier hat man es weder in die Innenstadt noch nach Neve Tsedek oder Jaffa weit.

249 [D6] **Center Chic Hotel** €€, 2 R. Zamenhoff, Tel. 03 5266100, www.atlas.co.il. **Ideal für Familien:** Unmittelbar am Kikar Dizengoff befindet sich dieses charmante Hotel im Pop-Art-Stil, das über 54 individuell gestaltete Zimmer samt Balkon und Klimaanlage verfügt. Neben einer gemütlichen Lounge und

Preiskategorien

Die nachfolgenden Preiskategorien dienen als Anhaltspunkt für den Preis eines Doppelzimmers pro Nacht und inkl. Frühstück. In vielen Hotels und speziell in den Hostels werden die Preise meist in US-Dollar angegeben, bezahlen kann man aber natürlich auch in NIS.

€	unter 100 €
€€	100–200 €
€€€	über 200 €

einem Kinoraum, in dem Filme über die Stadt gezeigt werden, bietet das Center Chic Hotel seinen Gästen Fahrräder zur kostenlosen Benutzung. Das Frühstück wird im Cinema Hotel (s. u.) serviert.

250 [D6] **Cinema Hotel** €€, 1 R. Zamenhoff, Tel. 03 5207100, www.atlas.co.il. **Gutes Preis-Leistungs-Verhältnis:** Das elegante Cinema Hotel befindet sich in einem renovierten Bauhaus-Gebäude, das ursprünglich eines der ersten Kinos der Stadt beherbergte. Neben der geschmackvollen Einrichtung der 82 Zimmer und der Lobby (die Themen Film und Kino sind das Leitmotiv), überzeugt das Cinema durch sein Verwöhnangebot von Entspannung bis Fitness – Jacuzzi und Sauna inklusive – und die allabendlichen Filmaufführungen.

251 [C8] **Galileo** €, 8 R. Hillel HaZaken, Tel. 03 5160050. **Individuelles Hotel in ruhiger Lage:** angenehmes kleines Hotel mit gerade mal zwölf Zimmern (allesamt mit Klimaanlage) inmitten des Jemenitischen Viertels. Für die Superlage ausgesprochen günstig, allerdings haben nicht alle Zimmer ein eigenes Bad.

252 [D9] **Hotel Montefiore** €€€, 36 R. Montefiore, Tel. 03 5646100, www.hotelmontefiore.co.il. **Luxus pur:** „Kleine, aber feine" Oase beschreibt dieses geschmackvoll gestaltete Hotel wohl am besten. Bei den 12 Zimmern stehen Charme, Eleganz und Individualität im Vordergrund und durch die Lage inmitten des beschaulichen Bauhaus-Viertels kommen hier auch stressgeplagte Besucher zur Ruhe. Im Haus gibt es ein empfehlenswertes Restaurant (mit französisch-vietnamesischer Küche) sowie eine trendige Bar.

🏨 **253** [C4] **Melody Hotel** €€, 220 R. HaYarkon, Tel. 03 5425555, www.atlas.co.il. **Edles Flair mit persönlicher Note:** nur zwei Minuten vom Strand gelegen – von den meisten der 55 Zimmer hat man Meerblick – und eines der extravaganteren Boutiquehotels Tel Avivs. Mit Klimaanlage. Hier ist ein Aufenthalt ein echtes Erlebnis, denn im Vordergrund steht das Persönliche, das Wohnliche.

🏨 **254** [C6] **Mendeli Street Hotel** €€-€€€, 5 R. Mendeli, Tel. 03 5202700, https://mendelistreethotel.com. **Schick und cool:** Das moderne und durchweg hell-luftige Design der 66 Zimmer dieses Boutiquehotels, sein angeschlossenes Restaurant und die gerade mal zweiminütige Entfernung zum Strand machen das Mendeli Street Hotel zu einer äußerst empfehlenswerten Adresse unter den hochpreisigen Häusern der Stadt.

🏨 **255** [C6] **Prima Tel Aviv** €€, 105 R. HaYarkon, Tel. 03 5206666, www.prima-hotels-israel.com. **Professioneller Service:** Das Prima Tel Aviv ist eines der angenehmsten Hotels der Stadt, nicht zuletzt wegen seiner verhältnismäßig moderaten Preise. Nur wenige Meter vom Strand entfernt gelegen, erstrahlt das Hotel im modern-coolen Interieur. Die 60 Zimmer – davon 20 Suiten – sind individuell ausgestattet und haben in der Regel einen Weitblick über das Meer. Bei Hunger empfiehlt sich das nette, hauseigene Restaurant Prima Vera.

🏨 **256** [B7] **Sea Executive Suites** €€€, 76 Retsif Herbert Samuel, Tel. 03 7953434, www.sea-hotel.co.il. **Persönlich und**

▢ *Über den Dächern Tel Avivs – auf der Sonnenterrasse des Cinema Hotel (s. S. 119)*

individuell: Direkt am Hauptstrandabschnitt befindet sich dieses geschmackvoll designte Boutiquehotel, das sowohl über Zimmer, Suiten als auch Apartments verfügt. Sehr individuell mit einem erstaunlichen Ausblick über das Meer.

🏨 **257** [C4] **Shalom Hotel & Relax** €€, 216 R. HaYarkon, Tel. 03 7625400, www.atlas.co.il. **Verwöhnen inbegriffen:** Dieses relativ kleine Designhotel – nur 51 Zimmer – befindet sich praktisch direkt an der Strandpromenade, also mitten im brodelnden Teil der Stadt. Die Zimmer und Suiten sind aber durchwegs ruhig und gemütlich. Geradezu edel präsentieren sich die Spa-Zimmer mit eigenem Jacuzzi. Auch eine Lounge-Terrasse mit dazugehöriger Bar gehört zum Haus.

🏨 **258** [C7] **Sun City Hotel** €€, 41 R. Yona HaNavi, Tel. 03 5177913. **Gute Qualität fürs Geld:** Das Motto des Sun City Hotel ist „mitten im Zentrum und trotzdem günstig". In der Tat ist dieses angenehme Hotel mit freundlichem Personal eines der zentralsten seiner Kategorie und überzeugt durch zeitgemäße Ausstattung, Komfort und verhältnismäßig anständige Preise (Frühstück inklusive).

🏨 **259** [C6] **The Lusky** €€€, 84 R. HaYarkon, www.luskyhtl.co.il, Tel. 03 5163030. **Charmantes Wohnen mit Strandblick:** Das „Kleine" unter den Suitehotels steht in unmittelbarer Strandnähe. Wem die Preise nicht zu teuer sind, dem ist hier in einem der großen Zimmer oder Suiten – einige davon mit Küchenzeile und viele mit Balkon – ein besonders angenehmer Aufenthalt garantiert. Der Service ist vorbildlich und im Preis ist das Frühstück inbegriffen.

🏨 **260** [B12] **The Setai** €€€, 22 R. David Raziel, Tel. 03 6016000, www.thesetaihotels.com. **Edler geht es kaum:** Historisches Ambiente mit einem Touch Understatement findet man in diesem hochpreisigen Hotel im historischen Zentrum Jaffas. In der von den Osmanen gebauten Festung war Ende des 19. Jahrhunderts ein Gefängnis untergebracht. In den luxuriösen Zimmern und Suiten lässt sich dies natürlich nicht mehr erahnen. Eine der schicksten Adressen und das nur wenige Schritte von praktisch allen Hauptsehenswürdigkeiten im Süden der Stadt entfernt.

🏨 **261** [C6] **TLV88 Hotel** €€, 88 R. HaYarkon, Tel. 03 6204676. **Bauhaus-Stil mitten im Geschehen:** Gerade mal einen Häuserblock vom Meer entfernt, ist dieses Hotel in einem renovierten Bauhaus-Gebäude eine gute Variante zur teureren Konkurrenz in der Nähe. Der Service ist vorbildlich, das Frühstück abwechslungsreich und die Zimmer (Klimaanlage inklusive) perfekt zum Relaxen.

Hostels und Jugendherbergen

🏨 **262** [E9] **Abraham Hostel,** 21 R. Levontin, Tel. 074 7010772, www.abrahamhostels.com/tel-aviv. **Perfekt für junge Leute:** Unter Reisenden mit knappem Budget eines der beliebtesten und auch brauchbarsten Hostels der Stadt, nördlich von Florentin. Es gibt vernünftig ausgestattete Einzel-, Zwei- und Vier- bis Zwölfbettzimmer, die sich preislich ab etwa 145 NIS bewegen.

🏨 **263** [C7] **HaYarkon 48 Hostel,** 48 R. HaYarkon, https://hayarkon48.com, Tel. 03 5168989. **Heimelig und wirklich günstig:** Etwas versetzt hinter der Strandpromenade befindet sich dieses Hostel mit verschiedenen Zweibett- und Mehrbettzimmern (ab ca. 150 NIS) sowie einem Gemeinschaftsraum samt Billardtisch und Fernseher. Ideal für junge Leute, die Anschluss suchen.

🏨 **264** [B12] **Old Jaffa Hostel** €, 13 R. Amiad, Tel. 03 6822370, www.telaviv-hostel.com. **Orientalisches Flair für Nachtschwärmer:** Das Old Jaffa Hostel ist eine der authentischsten Adressen der Stadt. Hier wohnt man im historischen Ambiente in charmant eingerich-

Buchungsportale

Neben Buchungsportalen für **Hotels** (z. B. www.booking.com, www.hrs.de oder www.trivago.de) bzw. für **Hostels** (z. B. www.hostelworld.com) gibt es auch Anbieter, bei denen man **Privatunterkünfte** buchen kann. Portale wie www.airbnb.de, www.wimdu.de oder www.9flats.com vermitteln Wohnungen, Zimmer oder auch nur einen Schlafplatz auf einer Couch. Diese oft recht günstigen Übernachtungsmöglichkeiten sind nicht unumstritten, weil manchmal normale Wohnungen gewerblich missbraucht werden. Einige Städte greifen deshalb regulierend ein.

teten Zimmern (fast alle mit Balkon). Das Hostel bietet neben Mehrbettzimmern nette Doppelzimmer. Schön ist außerdem die Dachterrasse mit den Hängematten. Das Hostel liegt in einer Partygegend, nachts kann es also lauter werden.

🏠 **265** [E1] **Tel Aviv Youth Hostel**, 36 R. Bnei Dan, Tel. 03 5441748, https://en.iyha.org.il/bnei-dan-tel-aviv-hostel. **Ideal für Ruhesuchende:** Im äußersten Norden der Stadt, südlich des Yarkon-Flusses beim Namal, befindet sich diese gleichwohl nette und ruhige Jugendherberge mit verschiedenen Zimmer- (von Zwei- bis Mehrbett) und Preiskategorien (ab 150 NIS), Aufenthaltsraum mit Sat-TV, Chill-Out-Lounge, Waschmaschinen und Trocknern. Reservierung notwendig!

Verhaltenshinweise

› **Religiöse Stätten:** Der Zutritt ins Innere von **Synagogen** ist für Nicht-Juden erlaubt, jedoch sollte man auf ein gepflegtes Erscheinungsbild – lange Hosen bzw. Kleider, die über die Knie reichen, sowie bedeckte Schultern – achten. Männer müssen außerdem eine Kopfbedeckung tragen, hat man keine eigene dabei, liegen am Synagogeneingang sog. *Kippot* (Gebetskäppchen) aus, die nach dem Besuch wieder zurückgegeben werden müssen. Der Zutritt von **Moscheen** ist Nicht-Muslimen in der Regel verboten, doch wer höflich fragt, wird meist eingelassen. Auch hier gelten die Kleidungsvorschriften und man sollte nicht fotografieren, ohne vorher um Erlaubnis zu bitten.

› **Als Deutscher oder Österreicher in Tel Aviv:** Längst ist die Zeit vorbei, in der man in Israel Deutschland nur mit seiner antisemitischen Vergangenheit in Verbindung brachte. Die Bundesrepublik gilt als **verlässlicher Partner** des jüdischen Staates und deutsche Städte wie Berlin, Hamburg, Köln oder München stehen auf der Reisebeliebtheitsskala junger Israelis ganz oben. Entsprechend willkommen sind deutsche Gäste. Auch mit Österreich verbindet man schon lange nicht mehr bloß das Geburtsland Adolf Hitlers. Viele Israelis haben ihre **familiären Wurzeln** in Wien, bereisen die Alpenrepublik von Ost nach West und entsprechend ist auch im Gespräch zwischen ihnen und österreichischen Touristen das erste Eis schnell gebrochen.

› **Kritik an Israels Politik:** Wie bereits erwähnt ist Tel Aviv die weltoffenste und liberalste Stadt des Landes und Pazifismus sowie Aussöhnung mit den Arabern gehören für viele Tel Avivim zum Weltbild. Dennoch sollte man sich als Ausländer mit Kritik und „gutgemeinten Ratschlägen" zurückhalten, denn nur wer in Israel lebt, kann die **komplexen Herausforderungen** des Zusammenlebens zwischen jüdischen Israelis, Palästinensern und den anderen Minderheiten in diesem kleinen Land wirklich nachvollziehen.

› **Trinkgelder:** In Lokalen sollte man immer ein Trinkgeld – je nach Summe etwa 10 bis 15 % – auf dem Tisch bzw. auf dem

Rechnungstellerchen liegen lassen bzw. in die Kreditkartenabrechnung inkludieren – es sei denn, dass auf der Rechnung bereits eine *Service Charge* von 15 % ausgewiesen ist. In **Hotels** ist diese Gebühr dagegen in der Regel immer enthalten, ein Trinkgeld für das Personal erübrigt sich folglich.

Verkehrsmittel

Öffentlicher Nahverkehr

Tel Avivs Nahverkehrsnetz ist **rückständig** und **verbesserungswürdig**. Man erreicht zwar praktisch jeden Ort der Stadt mit den „Öffentlichen" und selten hat man mehr als 500 m bis zur nächsten Haltestelle zu gehen, doch man ist fast ausschließlich auf **Busse** und die sogenannten Moniot Sherut angewiesen. Ab Anfang 2023 fährt außerdem die rote Linie der **Lightrail-Straßenbahn**, die im Stadtgebiet Tel Aviv zwischen dem Arlozorov Terminal im Nordosten und Jaffa im Südwesten an 12 Stationen hält.

Die Buslinien werden vom Unternehmen **Dan** betrieben und verkehren täglich – abgesehen vom Shabbat (d. h. Freitagnachmittag bis Samstagabend) – von 5.30 bis 24 Uhr. Etwas eigentümlich ist das Bezahlen der Bus- und Straßenbahntickets, denn man benötigt eine aufladbare Karte namens **Rav-Kav** (Kostenpunkt 5 NIS), die man z. B. in den Touristeninformationen (s. S. 106) und in Kiosken, jedoch nicht immer in den Bussen selbst kaufen kann. Zusätzlich muss man dann Geld auf diese Karten laden, möglich ist das u. a. in Kiosken, Tabakläden, an manchen Geldautomaten, in Apotheken der Kette Super-Pharm und natürlich an den Bahnhöfen. Von dem aufgeladenen Guthaben werden die Kosten für die gefahrenen Strecken abgezogen. Für eine Einzelfahrt – innerhalb einer Stunde ist auch das Umsteigen möglich – bezahlt man 6 NIS, eine Tageskarte (an Automaten auf die Rav-Kav zu laden) kostet 13 NIS. Es gibt Apps (s. S. 107), mit denen man nicht nur Fahrten planen, sondern auch Tickets lösen kann, aber erfahrungsgemäß ist die Rav-Kav die verlässlichste Lösung, auch gerade wenn man außerhalb der Stadt, z. B. zum Flughafen oder nach Jerusalem, unterwegs sein will.

Das **Busnetz** ist zwar recht dicht und verständlich gestaltet, so können praktisch alle Sehenswürdigkeiten außerhalb der Innenstadt mühelos mit dem Bus erreicht werden, doch man muss in Tel Aviv beim Busfahren etwas Geduld aufbringen, denn häufig sind die Linien überfüllt und bewegen sich nur langsam durch den ohnehin stressigen Stadtverkehr.

Hinzukommt, dass an den Bussen nur das Endziel angegeben ist, d. h. dass man im Vorfeld wissen sollte, mit **welcher Linie** man bis zu **welcher Haltestelle** fahren muss. Da aber die **Namen der Haltestellen** zwischen den einzelnen Linien variieren, sie meist nur auf Hebräisch ausgewiesen sind und nicht immer in den Bussen durchgesagt werden, sollte man beim Einsteigen am besten bereits **dem Fahrer sein Fahrtziel nennen** (in der Regel wird Englisch gesprochen) und ihn bitten, einem bei der Ankunft dort Bescheid zu sagen. Immerhin bekommt man in den Touristeninformationen (s. S. 106) einen **kostenlosen Stadtplan**, auf dem die wichtigsten Buslinien eingetragen sind.

› www.dan.co.il, Tel. 8787

Gleiches gilt für die **Moniot Sherut** oder kurz *Sherut* (Fahrpreis je nach Entfernung 7–10 NIS). Hierbei handelt es sich um Kleinbusse, die als Sammeltaxis fungieren und eine feste Strecke befahren, auf der man nach Belieben ein- (man hält ein solches Sammeltaxi so an, wie man es auch mit einem Taxi machen würde) und aussteigen kann. Auch hier sollte man bereits beim Einsteigen dem Fahrer **sein Ziel nennen** und auch gleich bezahlen. Die Moniot Sherut nehmen übrigens nur Fahrgäste mit, sofern noch Sitzplätze im Fahrzeug vorhanden sind. Im Unterschied zu den Linienbussen fahren sie praktisch rund um die Uhr und das auch am Shabbat. Wichtige Linien der *Sherut* sind (am Shabbat kann es zu geringfügigen Abweichungen der Strecken und Preise kommen):

› **Linie 4:** zentraler Busbahnhof – Rehov Allenby – Rehov Ben-Yehuda – Reading Terminal
› **Linie 4א:** wie Linie 4 nur weiter bis Ramat Aviv inklusive Ramat Aviv Mall und Tel Aviv University
› **Linie 5:** zentraler Busbahnhof – Sderot Rothschild – Dizengoff Center – Rehov Dizengoff – Rehov Nordau – Rehov Pinkas – Rehov Weizman – Rehov HaMaccabi
› **Linie 66:** zentraler Busbahnhof – Rehov Allenby – Rehov Ben-Yehuda – Rehov Bograshov – Dizengoff Center – Rehov Arlozorov – Rehov Weizman – Rehov Pinkas

Auch am Shabbat mobil
Seit einiger Zeit verkehren auch am Shabbat Busse, und zwar im halbstündigen Rhythmus, jeweils freitags 17–2 sowie samstags 9.30–18 Uhr. Die Fahrt ist dabei sogar kostenlos! Informationen findet man unter https://busofash.co.il/home-en

⌂ Der Bus ist in den meisten Fällen das praktischste Fortbewegungsmittel

⌐ Die strahlend weißen Taxis in Tel Aviv sind leicht zu erkennen

Taxis

Die Stadt Tel Aviv verfügt über **mehrere Taxikooperativen**. Die Taxis sind weiß und tragen die Aufschrift מונית (*Monit* = Taxi). Die **Grundgebühr** beträgt knapp 12 NIS und steigt dann entsprechend der gefahrenen Strecke, außerdem gibt es zwischen 21 und 5.30 Uhr einen etwas teureren Nachttarif. Innerhalb der Stadt sollte eine Fahrt zwischen 25 und 50 NIS kosten.

Bei längeren Strecken – z. B. vom Flughafen in die Stadt oder nach Ramla oder Holon – kann es sein, dass der Taxifahrer nicht den **Taxameter** einschalten möchte. In einem solchen Fall sollte man jedoch darauf bestehen und im Zweifelsfall ein anderes Taxi nehmen.

› **Airport Taxi** Tel. 03 9711103
  (nur zum Flughafen Ben-Gurion)
› **Balfour Taxis** Tel. 03 5604545
› **HaBima Taxis** Tel. 03 5383131
› **HaYarkon Taxis** Tel. 03 5223233
› **HaTzafon Taxis** Tel. 03 6020210
› **Nordau Taxis** Tel. 03 5466222

Auch die internationalen Fahrdienstleister **Uber** und **Gett** (s. S. 107) sind in Tel Aviv aktiv.
› www.uber.com/global/de/cities/tel-aviv
› https://gett.com

Wetter und Reisezeit

In Tel Aviv herrscht ein **gemäßigt warmes Klima.** Selbst im Winter fallen die Temperaturen fast nie unter den Gefrierpunkt. Die durchschnittliche Tagestemperatur liegt im Januar bei etwa 13 °C, im April bei etwa 19 °C, im Juli bei über 26 °C und im Oktober noch bei stolzen 23 °C. Unangenehm sind im Frühjahr und Spätherbst die **Regenfälle**, die teilweise zu sintflutartigen Überschwemmungen der Straßen führen. Im Juli und August ist die **schwüle Hitze** „unerträglich", weshalb viele Menschen möglichst viel Zeit am Meer verbringen, um sich Abkühlung zu verschaffen.

Vermeiden sollte man Tel Aviv – außer für familiäre Besuche – während

der **jüdischen Feiertage** wie Pessach (im März oder April) und im September oder Oktober zu Rosh HaShana und Yom Kippur, dann ist die Stadt zwar ruhiger als sonst, leider haben aber auch viele Geschäfte und Ausstellungshäuser geschlossen und die ohnedies hohen Hotelpreise steigen dann nochmals.

Auch am jüdischen Wochenende, dem **Shabbat**, bleiben viele Lokale, Geschäfte und Museen geschlossen und der öffentliche Nahverkehr steht still.

Die besten Reisezeiten sind also der **Frühling** und der **Spätsommer** und **Frühherbst**, aber auch der Dezember, wenn es zu Hause gerade so richtig kalt geworden ist und man in Tel Aviv mit etwas Glück auch schon mal einen Tag mit 20 °C erwischen kann.

Besonders im Winter kann das „zarte" Mittelmeer auch ganz schön wild werden

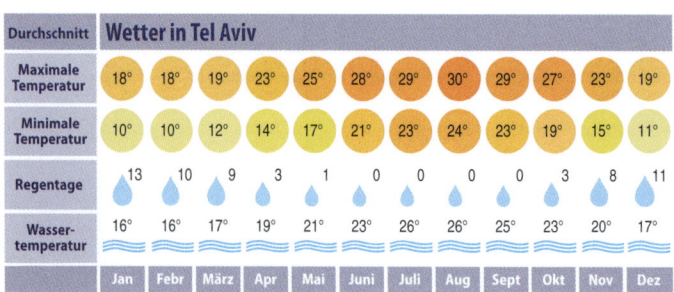

Durchschnitt	**Wetter in Tel Aviv**											
Maximale Temperatur	18°	18°	19°	23°	25°	28°	29°	30°	29°	27°	23°	19°
Minimale Temperatur	10°	10°	12°	14°	17°	21°	23°	24°	23°	19°	15°	11°
Regentage	13	10	9	3	1	0	0	0	0	3	8	11
Wassertemperatur	16°	16°	17°	19°	21°	23°	26°	26°	25°	23°	20°	17°
	Jan	Febr	März	Apr	Mai	Juni	Juli	Aug	Sept	Okt	Nov	Dez

ANHANG

Kleine Sprachhilfe Hebräisch

Die Sprachhilfe beruht auf dem Kauderwelsch-Sprachführer „**Hebräisch – Wort für Wort**" (Band 37) aus dem REISE KNOW-HOW Verlag.

Aussprache

Im Folgenden sind die Buchstaben (-kombinationen) aufgeführt, deren Aussprache abweichend vom Deutschen ist bzw. sein kann.

'	ein Stimmabsatz wie in „be'achten"
ch	wie „ch" in „Krach"
e	zwischen „e" in „nett" und „ä" in „Kälte"
h	wie „h" in „Hamburg"
r	Gaumen-r
s	immer ein stimmloses „s" wie in „Bus"
sh	wie „sch" in „Schach"
tz	wie „z" in „Ziegelstein"
v	wie „v" in „Vase"
y	wie „j" in „Jahr"
z	stimmhaftes „s" wie in „Saal"

Zahlen

0	efes
1	achat
2	shtayim
3	shalosh
4	arba'
5	chamesh
6	shesh
7	sheva'
8	shmone
9	tesha'
10	eser
11	achat esre
12	shtem esre
13	shalosh esre
14	arba' esre
15	chamesh esre
16	shesh esre
17	shva' esre
18	shmone esre
19	tsha' esre
20	esrim
21	esrim ve echad
22	esrim ve shtayim
23	esrim ve shalosh
24	esrim ve arba'
25	esrim ve chamesh
26	esrim ve shesh
27	esrim ve sheva'
28	esrim ve shmone
29	esrim ve tesha'
30	shloshim
40	arba'im
50	chamishim
60	shishim
70	shiv'im
80	shmonim
90	tish'im
100	me'a
200	matayim
300	shlosh me'ot
400	arba' me'ot
500	chamesh me'ot
600	shesh me'ot
700	shva' me'ot
800	shmone me'ot
900	tsha' me'ot
1000	elef
2000	alpayim

Die wichtigsten Richtungsangaben

smol	links
yamin	rechts
yashar	geradeaus
bechasara	zurück
karov	nah
rachok	weit
po	hier
sham	dort

+++ Die wichtigsten Wörter mit dem Bonus-Audiotrack des Kauderwelsch-

al yad/leyad	nebenan
mul	gegenüber
bapina	an der Ecke
batzomet	an der Kreuzung
baramzor	an der Ampel
bamerkaz	im Zentrum
michutz la'ir	außerhalb der Stadt
lifnot	abbiegen
lachzor	zurückgehen

Die wichtigsten Fragewörter

mi?	Wer?
ma?	Was?
ech?	Wie?
efo?	Wo?
le'an?	Wohin?
me'efo?/me'ayin?	Woher?
matay?	Wann?
lama?	Warum?
kama?	Wie viel?

Die wichtigsten Zeitangaben

hayom	heute
machar	morgen
machrotayim	übermorgen
etmol	gestern
shilshom	vorgestern
achshav	jetzt
miyad	sofort
od me'at	bald
tamid	immer
af pa'am lo	nie
kvar	schon
kodem	vorher
achar kach	nachher
mukdam (... yoter)	früh(er)
me'uchar (... yoter)	spät(er)
baboker	morgens
batzohorayim	mittags
ba'erev	abends
be'ofen	täglich

Die wichtigsten Fragen

Gibt es ...?	yesh ...?
Ich (m./w.) brauche ...	ani tzarich/tzricha ...
Ich (m./w.) möchte ...	ani rotze/rotza ...
Geben Sie (m./w.) mir bitte ...	ten/tni li bevakasha et ...
Wo kann man ... kaufen?	efo efshar liknot ...?
Wie viel kostet das?	kama se ole?
Was ist das?	ma se?
Wo ist/befindet sich ...?	efo ...?
Ich (m./w.) möchte nach ... fahren.	ani rotze/rotza linso'a le ...
Wie komme ich (m./w.) nach ...?	ech ani magi'a/megi'ah le ...?
Ist das der Bus nach ...?	se haotobus le ...?
Wann fährt der Bus nach ... ab?	matay yotze haotobus le ...?

Die wichtigsten Floskeln und Redewendungen

ja/nein	ken/lo
bitte	bevakasha
(Vielen) Dank!	toda (raba)!
Guten Morgen!	boker tov!
Guten Abend!	erev tov!
Herzlich willkommen!	baruchim haba'im!
Wie geht's?	ma nishma?
Wie geht es dir (m./w.)?	ma shlomcha/shlomech?

AusspracheTrainers auf PC oder Smartphone lernen (siehe Umschlag hinten) +++

Kleine Sprachhilfe Hebräisch

(Sehr) gut./Es geht so.	tov (me'od)./kacha kacha.
Auf Wiedersehen!	lehitra'ot!
Hallo!/Tschüss!	shalom!
In Ordnung!	beseder
Ich (m./w.) weiß (es) nicht.	ani (lo) yode'a/yoda'at.
Guten Appetit!	bete'avon!
Zum Wohl!/Prost!	lechayim!
Bringen Sie (m./w.) mir ...	tavi/tavi'i li et ...
Entschuldige/n Sie!	slicha!
Es tut mir (m./w.) leid!	ani mitzta'er/mitzta'eret.
Gestatten!/Darf ich?	efshar?
Sehr gern!	bekef!
Können Sie (m./w.) mir helfen?	ata yachol/at yechola la'asor li?
Hilfe!	hatzilu!
Bringen Sie mich bitte zu/nach ... (im Taxi)	kach oti le ... bevakasha.

Im Restaurant

Speisekarte	tafrit
Teller	tzalachat
Tasse	sefel
Wein	yayin
Bier	bira
Wasser	mayim
Milch	chalav
Brot	lechem
Flasche (groß/klein)	bakbuk (gadol/katan)
Glas	kos
Gabel	mazleg
Messer	sakin
Löffel	kaf
Serviette	mapit
Besteck	sakum
Suppe	marak
Fleisch	basar
Fisch	dag
Obst	pri
Gemüse	yerakot
Salat	salat
Können wir bitte die Speisekarte sehen?	efshar lekabel et hatafrit bevakasha?
Wir möchten bitte ...	anachnu rotzim ...
Was können Sie (m./w.) empfehlen?	ma ata yachol/at yechola lehamlitz?
Ich (m./w.) nehme zum Essen ...	ani rotze/rotza le'echol ...
Ich (m./w.) nehme zum Trinken ...	ani rotze/rotza lishtot ...
Die Rechnung, bitte!	cheshbon bevakasha!

Kleine Sprachhilfe Hebräisch

Die wichtigsten Einkaufsfloskeln

Ich (m./w.) suche ...	ani mechapes/mechapeset ...
Haben Sie (m./w.) ...?	yesh lecha/lach ...?
Wo kann ich ... kaufen?	efo efshar liknot ...?
Wo kann ich ... finden?	efo efshar limtzo ...?
Gibt es hier einen Supermarkt?	yesh po supermarket?
Wo ist das/die nächste ...?	efo ha ... hakarov/hakrova?
Apotheke	bet mirkachat
Buchgeschäft	chanut sfarim
Lebensmittelgeschäft	makolet
Kleidungsgeschäft	chanut bgadim
Souvenirshop	chanut mazkarot
Wie viel kostet das?	kama se ole?
Wie viel kostet das Kilo?	kama se ole lekilo?
Das ist sehr teuer!	se yakar me'od!
Das ist zu teuer!	se yoter miday yakar!

Nichts verstanden? – Weiterlernen!

Ich (m./w.) spreche nicht (gut) Hebräisch.	ani lo medaber/medaberet (tov) 'ivrit.
Ich (m./w.) möchte Hebräisch lernen.	ani rotze/rotza lilmod 'ivrit.
Wie bitte?	ma?
Was haben Sie (m./w.) gesagt?	ma amarta/amart?
Ich habe nicht(s) verstanden!	ani lo hevanti (klum)!
Sprechen Sie (m./w.) Englisch?	ata medaber/at medaberet anglit?
Wie sagt man ... auf Hebräisch?	ech omrim ... be'ivrit?
... auf Deutsch?	... begermanit?
... auf Englisch?	... be'anglit?
... auf Französisch?	... betzarfatit?
... auf Niederländisch?	... behollandit?
Können Sie (m./w.) das bitte wiederholen?	ata yachol/at yechola lehagid et ze od pa'am?
Sprechen Sie (m./w.) bitte langsamer!	efshar yoter le'at bevakasha.
Können Sie (m./w.) mir das bitte aufschreiben?	ata yachol/at yechola lichtov li et se bevakasha?

Die hebräische Woche

Sonntag	yom rishon
Montag	yom sheni
Dienstag	yom shlishi
Mittwoch	yom revi'i
Donnerstag	yom chamishi
Freitag	yom shishi
Samstag	shabat

Das ist noch nicht alles!

Mehr Reise Know-How gibt es hier:

www.reise-know-how.de

Reiseführer | CityTrip | Wohnmobil-Tourguide | Kauderwelsch

@ ReiseKnowHow

@ reiseknowhowverlag

@ Reise_KnowHow

auf www.reise-know-how.de
für den Newsletter anmelden

Landkarten | KulturSchock | Wanderführer | ReiseSplitter

Register

A
Accessoires 78
Ajami 53
American Colony 35
Animation 88
Anreise 100
ANU – Museum of the Jewish People 46
Apotheke 109
Apps 102, 107, 114
Arak 63
Architektur 29
Arthur Rubinstein
  Piano Competition 87
Arzt 109
Ausgehen 72
Auslandsreise-
  krankenversicherung 109
Ausreise 103
Autofahren 101
Azrieli Center 38, 78

B
Barrierefreies Reisen 103
Bars 73
Bauhaus 29, 30
Beautyartikel 79
Behinderte 103
Beit Ha'ir 56
Beit-Immanuel-Kirche 35
Ben-Gurion, David 42
Ben-Gurion House 42
Ben-Gurion International Airport 100
Besonderheiten der Stadt 12
Bet Knesset HaGadol 30
Bialik House 57
Bildung 96
Botschaft 103
Bücher 80
Buchungsportale 122
Busse 101, 123

C
Cafés 71
Chag Ha'Ahava 88
Chanukka 88
Charles Clore Park 84
City Hall 40
Clock Tower 48
Clubs 74
Comics and Caricature Festival 88
Cymbalista-Synagoge 46

D
Debitkarte 105, 111
Design Museum Holon 60
Diplomatische Vertretungen 103
Discos 74
Dizengoff Center 18, 78
Doc Aviv 87

E
EC-Karte 105, 111
Einkaufszentren 77
Einreise 103
Einwohner 97
Eiscafés 71
Elektrizität 104
Endless Summer Weekend 88
Englisch 115
Eretz Israel Museum 45
Escape-Room 31
Essen 62

F
Feiertage 86
Film 54
Flamenco-Festival 86
Florentin 34
Flüge 100
Flughafen 100
Fremdenverkehrsamt 106

G
Gan Ha'atzmaut 84
Gan HaPisgah 84
Gan Meir 85
Gärten 84
Gastronomie 62
Gay Parade 87
Geld 105
Geldautomaten 105
Geldwechsel 105

Register

Getränke 62
Gett 125
Girocard 105, 111
Graffiti 61
Gutman Museum of Art 58

H
Hafen (Jaffa) 52
Hafen (Tel Aviv) 43
Haganah Museum 58
HaHaganah 22
HaMesila 31
Handy 118
Hassan-Bek-Moschee 33
HaTachana 32
Hebräisch 20, 114
Helena Rubinstein Pavilion for Contemporary Art 58
Holon 60
Homosexuelle 108
Hostels 121
Hotels 119
Houses from Within 88
Hummus 53

I
Ilana Goor Museum 58
Independence Hall 28
Informationsquellen 106
Internationales Musikfestival 87
International Exposure Festival 88
Internet 106, 108
Israeli Opera 77

J
Jabotinsky Institute 21
Jaffa 48
Jemenitenviertel 23
Jiddisch 115
Jugendherbergen 121

K
Kartensperrung 111
Kaschrut 64
Kerem HaTemanim 23
Kikar Bialik 18
Kikar Dizengoff 16
Kikar Kedumim 50
Kikar Tsina 16
Kikar Yitzhak Rabin 40
Kinder 109
Kino 17, 76
Kneipen 73
Koscher 64
Krankenhaus 109
Kreditkarte 105, 111
Küche, israelische 63
Kunstgalerien 61

L
Lag BaOmer 87
Leben in der Stadt 96
Lebensmittel 83
Lesben 108
Levinski-Gewürzmarkt 34, 83
LGBT+ 108
Liebling Haus 59
Literaturtipps 107
Livemusik 74
Lokale 64
Luna Park 110

M
Maestro-Karte 105
Mahmudiya-Moschee 49
Mahnmal für die schwulen und lesbischen Opfer des Holocaust 108
Maine Friendship House 35
Märkte 81
Medien 107
Medizinische Versorgung 109
Meymadion 110
Mitz 70
Mobiltelefon 118
Mode 78
Moderner Tanz 57
Moniot Sherut 124
Museen 56
Museum der jüdischen Diaspora 46
Museum of the Irgun Tzvai Leumi 21
Museum of the I.Z.L. 59
Museum of the Jewish People 46
Musik 80
Musik und Tanz 77

N

Nachtleben 72
Namal Tel Aviv 43
Namal Yafo 52
Netzspannung 104
Neuer Israelischer Schekel 105
Neve Tsedek 30
Noga 35
Notfälle 111
Notrufnummern 111

O

Öffentlicher Nahverkehr 123
Öffnungszeiten 111

P

Palmach Museum 60
Pannendienst 102
Parken 101
Parks 84
Pensionen 119
Pessach 87
Politik 96
Post 112
Preisniveau 106
Publikationen 107
Purim 86

R

Rabin, Yitzhak 41
Radfahren 112
Ramat Aviv 45
Ramat Gan Safari Park 110
Rauchen 73
Rehov Ben-Yehuda 19
Rehov HaMelekh George V.
  (Rehov King George) 19
Rehov Ibn Gabirol 41
Rehov Meir Dizengoff 17
Rehov Nachalat Binyamin 23
Rehov Sheinkin 14
Reisepass 103
Reisezeit 125
Restaurants 64
Rettungsschwimmer 26
Rokach House 31
Rosh HaShana 88
Rothschild 28
Rubin Museum 60
Rückreise 100
Rundgänge 11, 13

S

Saint Peter Church 51
Sarona 37
Schekel 105
Schiff 100
Schwimmen 26
Schwule 108
Sderot Ben-Gurion 42
Sderot Rothschild 27, 87
Shabbat (Sabbat) 112, 126
Shalom Meir Tower 27
Shavuot 87
Sherut 124
Shopping 77
Shuk HaKarmel 22, 82
Sicherheit 113
Sicherheitsüberprüfungen 104
Silvester 88
Simhat Tora 88
Smoker's Guide 73
Sommerfest in Jaffa 87
Souvenirs 80
Spartipps 105
Speisen 62
Spermotruf 111
Spirituosen 83
Sprache 20, 114
Stadtgeschichte 92
Stadtspaziergänge 11, 13
Stadttouren 115
Strände 24
Straßenfest Sderot Rothschild 87
Straßennamen 10
Straßenschilder 10
Stromspannung 104
Sukkot 88
Suzanne Dellal's
  World Dance Festival 87

T

Tabak 83
Tauchen 26

Taxis 125
Tayelet 24
Tel-Afek-Nationalpark 85
Tel Aviv Beaches 24
Tel Avivim 98
Tel Aviv Marathon 86
Tel Aviv Museum of Art 39
Tel Aviv University 46
Telefonieren 117
Termine 86
Theater 76
Tisha Be'Av 88
Toiletten 118
Touristeninformationen 106
Trinken 62
Trinkgeld 63
Trinkwasser 63
Trödelmarkt 38
Tu Be'Av 88
Tu Be Shevat 86

U
Uber 125
Uhrzeit 118
Universität 46
Unterkunft 118
Uri Geller Museum 61

V
Veganer 68
Vegetarier 68
Veranstaltungen 86
Verhaltenshinweise 122
Verkehrsmittel 123
Visa-Karte 105
Visum 103
Vorwahlen 4, 117

W
Währung 105
Wasser 63
Wechselkurse 105
Wechselstuben 19, 105
Wein 83
Weiße Stadt 29
Wellness 79
Wetter 125

White Night 87
Wirtschaft 96
WLAN 108

Y
Yafo 48
Yarkon Park 85
Yom Ha'atzmaut 87
Yom HaShoah 87
Yom Kippur 88

Z
Zeit 118, 125
Zoll 104

Impressum

Daniel Krasa

CityTrip Tel Aviv

© REISE KNOW-HOW Verlag
Peter Rump GmbH
6., neu bearbeitete und aktualisierte Auflage 2023

Alle Rechte vorbehalten.

ISBN 978-3-8317-3645-4

Printed in Germany

Druck und Bindung:
mediaprint solutions GmbH, Paderborn

Herausgeber: Klaus Werner
Layout: amundo media GmbH (Umschlag, Inhalt), Peter Rump (Umschlag)
Lektorat: amundo media GmbH
Karten: Ingenieurbüro B. Spachmüller, amundo media GmbH
Anzeigenvertrieb: KV Kommunalverlag GmbH & Co. KG, Alte Landstraße 23, 85521 Ottobrunn, Tel. 089 928096-0, info@kommunal-verlag.de
Kontakt: Osnabrücker Str. 79, 33649 Bielefeld, info@reise-know-how.de

Alle Angaben in diesem Buch sind gewissenhaft geprüft. Preise, Öffnungszeiten usw. können sich jedoch schnell ändern. Für eventuelle Fehler übernehmen Verlag wie Autor keine Haftung.

Bildnachweis

Umschlagvorderseite: ©Kushnirov Avraham, stock.adobe.com | Umschlagrückseite: ©Dotan, stock.adobe.com | Umschlagklappe rechts: Daniel Krasa

Soweit ihre Namen nicht vollständig am Bild vermerkt sind, stehen die Kürzel an den Abbildungen für die folgenden Fotografen, Firmen und Einrichtungen. Daniel Krasa: dk | Markus Bingel: mb | Benjamin Audour: ba

Liste der Karteneinträge

- ❶ [D6] Kikar Dizengoff S. 16
- ❷ [D6] Rehov Meir Dizengoff S. 17
- ❸ [C7] Kikar Bialik S. 18
- ❹ [D7] Rehov HaMelekh George V. S. 19
- ❺ [D7] Museum of the Irgun Tzvai Leumi und Jabotinsky Institute S. 21
- ❻ [C8] Shuk HaKarmel S. 22
- ❼ [B6] Tayelet und Tel Aviv Beaches S. 24
- ❽ [D9] Shalom Meir Tower S. 27
- ❾ [D9] Sderot Rothschild S. 27
- ❿ [D9] Independence Hall S. 28
- ⓫ [E9] Die Weiße Stadt – entlang der Sderot Rothschild S. 29
- ⓬ [C10] Neve Tsedek S. 30
- ⓭ [C11] HaTachana S. 32
- ⓮ [C9] Hassan-Bek-Moschee S. 33
- ⓯ [D11] Florentin S. 34
- ⓰ [C11] American Colony und Noga S. 35
- ⓱ [F6] Sarona S. 37
- ⓲ [G6] Azrieli Center S. 38
- ⓳ [F5] Tel Aviv Museum of Art S. 39
- ⓴ [E5] Kikar Yitzhak Rabin S. 40
- ㉑ [E6] Rehov Ibn Gabirol S. 41
- ㉒ [C5] Sderot Ben-Gurion S. 42
- ㉓ [C5] Ben-Gurion House S. 42
- ㉔ [B2] Namal Tel Aviv S. 43
- ㉕ [S. 144] Eretz Israel Museum S. 45
- ㉖ [S. 144] Tel Aviv University S. 46
- ㉗ [S. 144] ANU – Museum of the Jewish People S. 46
- ㉘ [B12] Clock Tower S. 48
- ㉙ [B12] Mahmudiya-Moschee S. 49
- ㉚ [A12] Kikar Kedumim S. 50
- ㉛ [A12] Saint Peter Church S. 51
- ㉜ [A13] Namal Yafo S. 52
- ㉝ [B13] Ajami S. 53

- 🏛1 [C10] Rokach House S. 31
- ❼2 [D11] Hoodna Bar S. 35
- ★3 [C11] Beit-Immanuel-Kirche S. 36
- ★4 [C11] Maine Friendship House und Museum S. 36
- ⬤5 [F7] Buza S. 37
- ❼6 [B12] Dr. Shakshuka S. 49
- ❼7 [B12] Shabtai HaYafe S. 49
- ❼8 [A13] Ali Karavan S. 53
- ★9 [B3] Mezizim Beach S. 26
- ★10 [B3] Nordau Beach S. 26
- ★11 [B4] Hilton Beach S. 26
- ★12 [B5] Marina Beach S. 26
- ★13 [B6] Gordon, Frishman und Bograshov Beach S. 26
- ★14 [B7] Trumpeldor, Yerushalayim und Ge'ula Beach S. 26
- ★15 [B9] Banana Beach S. 26
- ★16 [B11] Alma Beach S. 26
- ❼17 [C8] Halev HaRachav S. 23
- ❼18 [C8] Melekh HaMarakim S. 23
- ❼19 [C8] Sisi S. 23
- ❼20 [C8] Shlomo ve Doron S. 23
- ❼21 [C8] HaTeymani S. 23
- 🏛22 [C7] Beit Ha'ir S. 56
- 🏛23 [C7] Bialik House S. 57
- 🏛24 [C10] Gutman Museum of Art S. 58
- 🏛25 [D9] Haganah Museum S. 58
- 🏛26 [F5] Helena Rubinstein Pavilion for Contemporary Art S. 58
- 🏛27 [A12] Ilana Goor Museum S. 58
- 🏛28 [C7] Liebling Haus S. 59
- 🏛29 [B11] Museum of the I. Z. L. S. 59
- 🏛31 [C7] Rubin Museum S. 60
- 🏛34 [A12] Uri Geller Museum S. 61
- 🏛35 [A12] Chelouche Gallery S. 61
- 🏛36 [D9] Gallery S. 61
- 🏛37 [E12] Litvak Gallery S. 61
- 🏛38 [C5] Stern Gallery S. 61
- 🏛39 [E9] Urban Gallery S. 61
- ❼40 [C7] Bar 51 S. 64
- ❼41 [G7] Claro S. 65
- ❼42 [C10] Dallal S. 65
- ❼43 [D10] Herzl 16 S. 65
- ❼44 [G7] Messa S. 65

🍴45	[D9] North Abraxass S. 65	☕95	[C10] Golda S. 71
🍴46	[E10] Opa S. 65	☕96	[D8] HaMalabiya (1) S. 71
🍴47	[F7] Pop and Pope S. 65	☕97	[E6] HaMalabiya (2) S. 71
🍴49	[C4] Shila S. 66	☕98	[F7] Raw Bowl S. 71
🍴50	[F5] Toto S. 66	☕99	[C10] La Mamma del Gelato Anita (1) S. 71
🍴51	[C11] Vicky Cristina S. 66	☕100	[D11] La Mamma del Gelato Anita (2) S. 71
🍴52	[D6] Anastasia S. 66	☕101	[F7] Lehamim (1) S. 71
🍴53	[E9] Café Noir S. 66	☕102	[E3] Lehamim (2) S. 72
🍴54	[C5] Goocha S. 66	☕103	[C4] Nola S. 72
🍴55	[E6] Ha'Achim S. 66	☕104	[C6] Or Shpitz S. 72
🍴56	[B12] Haj Kahil S. 66	☕105	[B12] Puaa S. 72
🍴57	[C8] HaMitbahon S. 66	☕106	[E4] Vaniglia S. 72
🍴59	[D6] La-Shuk S. 67	☕107	[C8] Yom Tov S. 72
🍴60	[B10] Manta Ray S. 67	🍴108	[D10] Aria S. 73
🍴61	[D9] Santa Katarina S. 67	🍴109	[C4] Jasper Johns S. 73
🍴62	[C10] Suzanna S. 67	🍴110	[C8] Minzar BAR S. 73
🍴63	[D8] Tchernihovski 6 S. 67	🍴111	[C6] Molly Bloom's S. 73
🍴64	[G7] A S. 67	🍴112	[E7] Peacock S. 73
🍴65	[C8] Baba Yaga S. 67	🍴113	[E9] Radio E.P.G.B S. 73
🍴67	[C3] Benedict (1) S. 68	🍴114	[C8] Salon Berlin Bar S. 73
🍴68	[D9] Benedict (2) S. 68	🍴115	[B12] Shaffa Bar S. 74
🍴69	[C2] FU Sushi S. 68	🍴116	[C5] Spicehaus S. 74
🍴70	[C12] Gemma S. 68	🍴117	[D9] Sputnik Bar S. 74
🍴71	[F9] Magazzino S. 68	🍴118	[E8] The Library Bar S. 74
🍴72	[E5] Meat Bar S. 68	✡119	[D8] Beit Haamudim S. 74
🍴73	[D7] Moon S. 69	✡120	[D9] Breakfast Club S. 74
🍴74	[D9] Shishko S. 69	✡121	[D9] Drama S. 74
🍴75	[E12] Shmulik Cohen S. 69	✡122	[D9] Jimmy Who S. 74
🍴76	[E9] Taqueria S. 69	✡123	[E9] Kuli Alma S. 74
🍴77	[E10] Tenat S. 69	✡124	[E9] Levontin S. 75
🍴78	[C6] Thai House S. 69	✡125	[D9] Lima Lima S. 75
🍴79	[D9] Vong S. 69	✡126	[D7] Ozen Bar/Bootleg S. 75
🍴80	[C8] Banin Jonny S. 69	✡127	[B1] Shalvata S. 75
🍴81	[F10] Gorkha Kitchen S. 69	✡128	[D10] Teder.fm S. 75
🍴82	[E6] Indira S. 69	✡129	[F11] The Block S. 75
🍴83	[D9] Ma Pau S. 69	✡130	[G5] Zappa Club S. 75
🍴84	[E6] Frank's S. 70	☕131	[F7] Cinematheque S. 76
🍴85	[D6] HaKosem S. 70	🎬132	[D6] Rav-Hen Kino S. 76
🍴86	[D9] Meshek Barzilay S. 70	☕134	[D6] Beit Lessin S. 76
🍴87	[E6] Miznon S. 70	☕135	[C11] Gesher Theatre S. 76
🍴88	[E6] Vitrina S. 71	☕136	[E7] HaBimah National Theatre of Israel S. 76
🍴89	[D9] Vitrina Lili S. 71	☕137	[B12] Jaffa Theatre S. 76
🍴90	[F7] Tony Vespa (1) S. 71	☕138	[A12] Nalaga'at Center S. 76
🍴91	[E7] Tony Vespa (2) S. 71	☕139	[F6] The Cameri Theatre S. 76
☕92	[A13] Basma Coffee S. 71		
☕93	[D3] Café Castel S. 71		
☕94	[C11] Cafelix S. 71		

- 140 [E6] Tzavta S. 76
- 141 [E6] Zoa House S. 76
- 142 [E7] Charles R. Bronfman Auditorium S. 77
- 143 [D7] Felicja Blumental Music Center and Library S. 77
- 144 [C10] Suzanne Dellal Centre S. 77
- 145 [F6] The Israeli Opera S. 77
- 146 [D7] Dizengoff Center S. 78
- 147 [E5] Gan Ha'ir S. 78
- 149 [F7] TLV Fashion Mall S. 78
- 150 [D6] Aderet S. 78
- 151 [D3] Alef Alef S. 78
- 152 [E8] Aviva Zilberman S. 78
- 153 [C10] Ba&Sh S. 79
- 154 [B1] Comme il faut S. 79
- 155 [D9] Daniella Lehavi S. 79
- 156 [C10] Mews S. 79
- 157 [E9] Mizo S. 79
- 158 [C5] Oberson Fashion House S. 79
- 159 [C5] Sarah Braun S. 79
- 160 [C3] Story S. 79
- 161 [C6] Ahava S. 79
- 162 [C6] Ayoka S. 79
- 163 [D8] Sabon S. 80
- 164 [D7] Yullia Manicure S. 80
- 165 [B12] Zielinski & Rozen S. 80
- 166 [E5] Bookworm S. 80
- 167 [D9] Halper's Books S. 80
- 168 [E3] Ilan Ben Shahar Records S. 80
- 169 [C10] Sipur Pashut S. 80
- 170 [D6] Steimatzky S. 80
- 171 [D7] The Third Ear S. 80
- 172 [C10] Agas and Tamar S. 80
- 173 [B12] Asufa S. 80
- 174 [C3] Dori Csengeri S. 80
- 175 [C11] Gaya S. 81
- 176 [C3] Goldy S. 81
- 177 [B12] One Bedroom S. 81
- 178 [D8] Photo House Pri-Or S. 81
- 179 [A12] Sharon Brunsher S. 81
- 180 [C9] Sigal S. 81
- 181 [F7] Villa Maroc S. 81
- 182 [D8] Bezalel-Markt S. 81
- 183 [D9] Nachalat Binyamin S. 82
- 184 [G7] Sarona Market S. 82
- 185 [F7] Shuk Atikot S. 82
- 186 [B2] Shuk Ha S. 82
- 187 [B12] Shuk HaPishpesh S. 82
- 189 [F7] Anise S. 83
- 190 [E5] Bakery S. 83
- 191 [C8] Halva Center S. 83
- 192 [C5] Le Palais des Thés S. 83
- 193 [D10] Levinski-Gewürzmarkt S. 83
- 194 [E9] Max Brenner S. 83
- 195 [D6] Teva Castel S. 83
- 196 [D6] Aperitif S. 83
- 197 [C3] Mendel Kosher Wine S. 83
- 198 [C2] Porto Vino S. 83
- 199 [F7] Wine & More S. 83
- 200 [B10] Charles Clore Park S. 84
- 201 [C3] Gan Ha'atzmaut S. 84
- 202 [A12] Gan HaPisgah S. 84
- 203 [D7] Gan Meir S. 85
- 205 [E1] Yarkon Park S. 85
- 206 [A12] Yoko Kitahara S. 85
- 207 [C6] Bograshov S. 101
- 208 [B13] Galey Tsahal S. 101
- 209 [C9] Gan HaKovshim S. 101
- 210 [C8] HaRav Kook S. 102
- 211 [C10] HaTachana S. 102
- 212 [C9] Karmel S. 102
- 213 [E7] Tarbut S. 102
- 214 [C6] Tel. Nordau S. 102
- 215 [G9] Botschaft der Bundesrepublik Deutschland S. 103
- 217 [C3] Botschaft der Schweizerischen Eidgenossenschaft S. 103
- 218 [B12] Tel Aviv Tourism Association (1) S. 106
- 219 [B8] Tel Aviv Tourism Association (2) S. 106
- 220 [D9] Tel Aviv Tourism Association (4) S. 106
- 221 [F7] Tel Aviv Tourism Association (5) S. 106
- 222 [D6] Bauhaus Center Tel Aviv S. 106
- 223 [D7] Gay Center S. 108
- 224 [F7] Desire Bar S. 108
- 225 [E9] Dreck S. 108
- 226 [D7] Meir Café S. 108
- 227 [C7] Nilus S. 109
- 228 [D12] Gagarin S. 109

Zeichenerklärung

- ⊙229 [D9] Shpagat S. 109
- ✚231 [F5] Ichilov Hospital – Sourasky Medical Center S. 109
- ✚232 [D6] Super-Pharm S. 109
- ✚233 [D4] Dr. Kühnberg S. 109
- ⚑237 [C12] Tel Aviv District Police S. 111
- ✉238 [E9] Hauptpost Tel Aviv S. 112
- ✉239 [C3] Postfiliale Dizengoff S. 112
- S241 [C4] Cycle TLV S. 112
- S242 [C7] Pole Position S. 112
- S243 [C8] Rosen & Meents S. 113
- S244 [C7] Rent Electric TLV S. 113
- ℹ245 [C9] Tel Aviv Hotel Association S. 118
- 🏨246 [C3] Alexander S. 119
- 🏨247 [C6] Artplus Hotel S. 119
- 🏨248 [D9] Brown TLV Urban Hotel S. 119
- 🏨249 [D6] Center Chic Hotel S. 119
- 🏨250 [D6] Cinema Hotel S. 119
- 🏨251 [C8] Galileo S. 119
- 🏨252 [D9] Hotel Montefiore S. 119
- 🏨253 [C4] Melody Hotel S. 120
- 🏨254 [C6] Mendeli Street Hotel S. 120
- 🏨255 [C6] Prima Tel Aviv S. 120
- 🏨256 [B7] Sea Executive Suites S. 120
- 🏨257 [C4] Shalom Hotel & Relax S. 121
- 🏨258 [C7] Sun City Hotel S. 121
- 🏨259 [C6] The Lusky S. 121
- 🏨260 [B12] The Setai S. 121
- 🏨261 [C6] TLV88 Hotel S. 121
- 🛏262 [E9] Abraham Hostel S. 121
- 🛏263 [C7] HaYarkon 48 Hostel S. 121
- 🛏264 [B12] Old Jaffa Hostel S. 121
- 🛏265 [E1] Tel Aviv Youth Hostel S. 122

Hier nicht aufgeführte Nummern liegen außerhalb der abgebildeten Karten. Ihre Lage kann aber wie die von allen Ortsmarken im Buch mithilfe der Web-App angezeigt werden (s. rechts).

Zeichenerklärung

⓫	Hauptsehenswürdigkeit
[L6]	Verweis auf Planquadrat im City-Faltplan
✚ ⊙	Arzt, Apotheke, Krankenhaus
⊙	Bar, Bistro, Club, Treffpunkt
🕮	Bibliothek
◒	Café
🯅	Denkmal
≋	Freibad
🛍	Geschäft, Kaufhaus, Markt
🏨	Hotel, Unterkunft
⊙	Imbiss
ⓘ	Informationsstelle
🛏	Jugendherberge, Hostel
🎬	Kino
⇨	Kirche
☪	Moschee
🏛	Museum/Galerie
⊙	Musikszene, Disco, Tanz
🅿 🅿	Parken
⚑	Polizei
✉	Post
ⓝ	Restaurant
S	Sport-/Spieleinrichtung
•	Sonstiges
✡	Synagoge
⊙	Theater
★	Sehenswürdigkeit
⊙	Vegetarisch/Vegan
▬▬	Stadtspaziergang (s. S. 11)
▬▬	Stadtspaziergang (s. S. 13)
⬭	Shoppingareal
⬭	Gastro- und Nightlife-Areal

Tel Aviv mit PC, Smartphone & Co.

QR-Code auf dem Umschlag scannen oder www.reise-know-how.de/citytrip/telaviv23 eingeben und die **kostenlose Web-App** aufrufen (Internetverbindung zur Nutzung nötig)!

★ **Anzeige der Lage und Satellitenansicht aller** beschriebenen Sehenswürdigkeiten und touristisch wichtigen Orte
★ **Routenführung** vom aktuellen Standort zum gewünschten Ziel
★ **Exakter Verlauf** der empfohlenen Stadtspaziergänge
★ **Audiotrainer** der wichtigsten Wörter und Redewendungen
★ **Updates** nach Redaktionsschluss

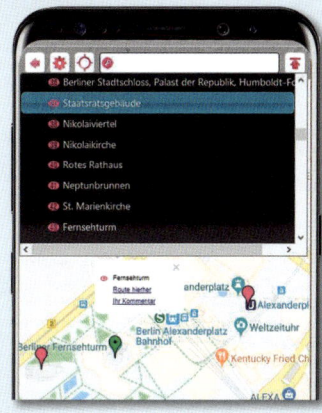

GPS-Daten zum Download
Die GPS-Daten aller Ortsmarken und Spaziergänge können hier geladen werden: www.reise-know-how.de, dann das Buch aufrufen und zur Rubrik „Datenservice" scrollen.

Stadtplan für mobile Geräte
Um den Stadtplan auf Smartphones und Tablets nutzen zu können, empfehlen wir die App „Avenza Maps" der Firma Avenza™. Über die Funktion „Store" kann die „Citymap Tel Aviv 2023" kostenlos geladen werden.

Unsere App-Empfehlungen zu Tel Aviv

› **Pango Parking** und **Cello:** Park-Apps für ganz Israel (kostenlos für Android und iOS)
› **Home Front Command:** Warn-App der israelischen Zivilschutzbehörden (kostenlos für iOS)
› **Tel-O-Fun:** App für die Mieträder der Stadt (kostenlos für Android und iOS)
› **Moovit** und **The Station:** ÖPNV-Apps, die Buslinien- und Zugverbindungen in Tel Aviv darstellen (kostenlos für Android und iOS)
› **Gett - The taxi app** bzw. **Gett - Ground Transportation:** internationale Taxi-App, die in Tel Aviv sehr populär ist (kostenlos für Android und iOS)
› **Tel Aviv Museum of Art:** Museums-App mit Audioguide-Touren, die auch außerhalb des Museums genutzt werden können (kostenlos für Android und iOS)

Die Web-App und der Zugriff auf diese über QR-Codes sind eine freiwillige, kostenlose Zusatzleistung des Verlages. Der Verlag behält sich vor, die Bereitstellung des Angebotes und die Möglichkeit der Nutzung zeitlich und inhaltlich zu beschränken. Der Verlag übernimmt keine Garantie für das Funktionieren der Seiten und keine Haftung für Schäden, die aus dem Gebrauch der Seiten resultieren. Es besteht ferner kein Anspruch auf eine unbefristete Bereitstellung der Seiten.

144 Tel Aviv, Umgebung